Ursula Koch

Hiob, mein Bruder

Begegnungen mit
Tilman Riemenschneider
Janusz Korczak
Katharina von Henot u. a.

BRUNNEN VERLAG GIESSEN/BASEL

ABCteam-Bücher erscheinen in folgenden Verlagen:
Aussaat- und Schriftenmissions-Verlag Neukirchen-Vluyn
R. Brockhaus Verlag Wuppertal
Brunnen Verlag Gießen (und Brunnquell Verlag)
Christliches Verlagshaus Stuttgart
(und Evangelischer Missionsverlag)
Oncken Verlag Wuppertal und Kassel

CIP-Titelaufnahme der Deutschen Bibliothek:
Koch, Ursula: Hiob, mein Bruder :
Begegnungen mit Tilman Riemenschneider,
Janusz Korczak, Katharina von Henot u. a. /
Ursula Koch. –
Giessen ; Basel : Brunnen-Verl., 1990
(ABC-Team ; 594)
ISBN 3-7655-2594-4
NE: GT

Umschlaggrafik: Max Spring
Umschlaggestaltung: Helmut Pfindel
Satz: Uhl+Massopust, Aalen
Herstellung: St.-Johannis-Druckerei, Lahr

Inhalt

Gespräch über Hiob

Der Herr sprach zum Satan: Kennst du meinen Knecht Hiob?

„Kennen Sie Hiob?"
Das ist doch einer aus der Bibel. Einer, der in der Asche sitzt. Mehr weiß ich nicht.

„Und Sie? Wissen Sie, wer Hiob ist?"
Ich denke, der war reich – oder auch nicht. Nein, nein, er war unglücklich. Da gibt's doch die „Hiobsbotschaft".

„Darf ich Sie fragen: Kennen Sie Hiob?"
Nie gehört!
Kam da nicht mal 'ne Sendung im Fernsehen?

„Kennen Sie Hiob?"
Von dem hat der Pfarrer neulich in einer Predigt gesprochen. Ich glaube bei einer Beerdigung.

„Kennen Sie Hiob?"
Nein, wer ist das?

„‚Es war ein Mann im Lande Uz, der hieß Hiob...' – ein Patriarch wie Abraham, ein reicher Mann und fromm, einer, wie wir alle gern wären: von Gott gesegnet nicht nur mit Ansehen und Anerkennung, nein, auch mit dem kleinen alltäglichen Luxus: ‚reicher als alle, die im Osten wohnten', und vor allem mit einer großen Familie.
Sieben Söhne hatte Hiob. Ihre Vollendung zeigt sich schon in ihrer Zahl. In sieben Tagen schuf Gott Himmel und Erde. Sieben Lichter brennen auf dem heiligen Leuchter.
Ein prachtvoller Anblick muß das gewesen sein für Hiob:

sieben Söhne. Und daneben, weniger an der Zahl und darum noch wertvoller: drei Töchter.
Glanzvolle Feste feierten die Kinder Hiobs. Ihr Lachen und die Musik der Lauten und Harfen klingen herüber bis in unsere Zeit. Vom Segen des Vaters geheiligt, konnte nichts Böses sie von Gott trennen, denn Hiob stand für sie ein als Priester vor dem Herrn.
Aber der Blick des biblischen Erzählers bleibt nicht haften auf den Bildern eines gesegneten Lebens. Er schweift über das Haus des Hiob, die Herden, Knechte und Mägde hinaus zu dem hin, der dies alles geschaffen hat. Und der Vorhang öffnet sich vor einem gewaltigen himmlischen Drama:
Einer von denen, die vor Gott stehen, wagt es, dem Schöpfer des Himmels und der Erde zu widersprechen!
,Der Satan antwortete dem HERRN und sprach: Meinst du, daß Hiob umsonst Gott fürchtet?'
Mit dieser kleinen Frage bringt Satan ein Weltbild ins Wanken. War nicht seit Anbeginn der Schöpfung eines immer klar gewesen: Nur dem Bösen konnte es schlecht ergehen, wer fromm war und gut, der wußte Gott auf seiner Seite?
Der HERR hatte das Volk Israel durchs Schilfmeer geführt. – Die Ägypter waren darin ertrunken.
Elias, der Prophet Gottes, ließ Feuer vom Himmel regnen. – Die Priester des Götzen Baal mußten ihre Machtlosigkeit erkennen und wurden getötet. Und so sollte es ewig sein!
Aber da kommt Satan mit dieser Frage. Was Ursache war und was Folge ist, dreht er ganz einfach um. Aus der Folge wird die Ursache. Nicht mehr kann es heißen:
Hiob ist fromm, darum ist er glücklich.
,Nein', sagt der Zerstörer der Ordnung, den die Griechen den ,Diabolos', den ,Durcheinanderwerfer' genannt haben, ,Hiob ist glücklich, darum ist er fromm.'
Wer hat recht?
Am Schicksal Hiobs muß es sich entscheiden. Und es beginnt ein grausamer Kampf um die Seele dieses einen Menschen. Es

scheint, als hinge die Ordnung der Schöpfung nur von ihm allein ab. Auch für uns.
Wenn Satan recht behält, dann ist der Glaube nichts als ein simples Rechenexempel: Gott gibt mir, und ich bin fromm. Wenn aber Satan nicht recht hat, dann ist dieser Glaube wahrhaft ‚die Kraft, die die Welt überwunden hat'.
Satan darf Hiob quälen. Er darf ihm alles nehmen. Die Kinder, den Reichtum und schließlich die Gesundheit. Nichts ist mehr an diesem Hiob, was er vorher war. In sich zusammengesunken, ausgemergelt, sitzt er in einem Haufen Dreck. Seine Geschwüre schmerzen und jucken. Da nimmt er eine Tonscherbe, sich zu kratzen.
Seine Frau, die Mutter der Kinder, wendet sich ab mit bitteren Worten. Diesem Gott kann sie nicht mehr vertrauen.
‚... und stirb!' sagt sie.

Drei Freunde kommen zu dem geplagten Mann. Sie wollen ihn trösten. In schweigender Solidarität sitzen sie neben ihm auf dem nackten Boden, sieben Tage und Nächte. Sie teilen sein Elend, doch nur ein Stück weit. Denn als Hiob klagt, fühlen sie sich selbst getroffen. Es muß einen Grund geben, daß Gott Hiob so furchtbar schlägt, denn könnte ER sonst nicht jeden so furchtbar schlagen? Also *muß* Hiob gesündigt haben!
Wie verzweifelt sich der Unglückliche auch wehrt: Seine Freunde wissen alles über Gottes Willen. Und als den dreien die Argumente ausgehen, tritt noch ein vierter herzu, ein jüngerer, der respektvoll gewartet hat, aber am Ende nicht mehr warten kann. Auch er sucht – den Grund für Hiobs Leiden. Und auch ihm fällt nichts Neues ein. Gott ‚vergilt dem Menschen, wie er verdient hat'.

Aber Gott hat Hiobs Klage gehört.
Gott antwortet Hiob. Seine Antwort ist so gewaltig, daß Hiob nicht mehr widersprechen kann, so sehr er sich im Recht fühlt. Und als Hiob da nur noch auf das Reden Gottes lauscht und auf

nichts mehr sonst, da verkehren sich die Verhältnisse ganz eigentümlich. Die drei Freunde, die so viel von Gott wußten, sind auf die Fürbitte Hiobs angewiesen. Wie reuige Sünder müssen sie, die Gerechten, Opfer bringen, um den Zorn Gottes zu versöhnen. Wortlos ziehen sie zum Altar. Und Hiob wird zum Priester. – Seine Wunden sind noch nicht verheilt.
Wie aus dem Nichts treten statt der ‚leidigen Tröster' Schwestern und Brüder an die Seite des Geplagten. Von denen war vorher nicht die Rede, und der Erzähler sagt uns nichts darüber, woher sie kamen und warum sie nicht früher gekommen sind. Aber plötzlich sehen wir Hiob aus der Asche heraustreten. Er setzt sich in den Kreis der Geschwister. Wir sehen ihn umgeben von Menschen, die ihn nicht belehren, sondern lieben und ihn mit dem beschenken, was die Grundlage seines neuen Reichtums wird: ‚Und ein jeder gab ihm ein Goldstück und einen goldenen Ring.'
Hiob, der für seine Freunde bat, ist gerettet. Schwestern und Brüder hat Gott ihm geschenkt, Söhne und Töchter schenkt er ihm neu, Enkel und Urenkel. Und wieder tritt der Satan vor Gott, und Gott fragt: Kennst du meinen Knecht Hiob? ..."

„Kennen Sie Hiob?"
Nein, interessiert mich nicht!

„Kennen Sie Hiob?"
Das steht in der Bibel. Ein guter und frommer Mann. Ein Vorbild im Leiden. Hat der nicht gesagt: „Der Herr hat's gegeben, der Herr hat's genommen, der Name des Herrn sei gelobt!"?

„Kennen Sie Hiob?"
Natürlich, aber ich predige nicht gern über Hiob. Ein frommer Mensch kann doch nicht so von Gott reden, wie Hiob das tut. Ehrlich gesagt: Die drei Freunde finde ich sehr sympathisch.

Ich habe nie verstanden, warum sie am Ende von Gott verurteilt werden. Stimmt doch, was sie sagen, nicht wahr?

„Kennen Sie Hiob?"
Ich habe mal ein Bild gesehen. Da sitzt eine Gestalt ganz elend in einem Haufen Asche. Manchmal fühle ich mich auch so. Aber ich glaube, ich wäre nicht so fromm, wenn es mir so dreckig ginge wie dem Hiob...

„Hiob, Mann Gottes,
wie kann es geschehen,
daß du den anredest, der dich quält?

Obdachlos und verlassen,
verspottet,
krank,
mit dem Wissen dazu, wie es ist, reich zu sein
und gesund,
mit dem Bild lachender Kinder vor Augen
und der Erinnerung an die Freude
über eine ständig wachsende große Familie.

Einsam nun,
die grausam erschlagenen,
in der Blüte ihres Lebens von Todesangst entstellten Gesichter
der Söhne und Töchter vor Augen.

Einsam nun,
die bitteren Spottreden
der Frau mit dem gebrochenen Herzen
im Ohr.

Einsam nun,
vor den Freunden, die alles wissen
und so leicht urteilen können,
weil *sie* es nicht sind,
die in die Hand des Satans gegeben wurden –

Hiob, sag mir,
wie du den Weg gefunden hast,
durch dieses Leid hindurch,
am Ende zu sprechen:
‚Ich weiß, daß mein Erlöser lebt'?"

„Kennen Sie Hiob?"
Sie stellen aber komische Fragen!
„Kennen Sie Hiob?"
Gestern ist er mir begegnet...

Janusz Korczak und die Kinder

Es gab eine Zeit – sie liegt wie ein finsterer Schatten über dem Gedächtnis der Erde –, da rollten Tag für Tag die Züge des Todes durch unser Land. Sie rollten unter der Sonne, durch blühende Wiesen, sie rollten bei Schnee und unter dem Frost. Ihr Ziel war ein Bahnhof irgendwo im Osten: Auschwitz. Treblinka. Belzec.
Heute schaudert es uns, wenn wir die Namen hören. Unvorstellbar, daß über diesem Boden jemals wieder ein Vogel singt. Aber sie kamen zurück. Als sich der Rauch aus den Krematorien verzogen hatte, kamen die Vögel zurück. Bauten ihre Nester. Auf den Trümmern wächst das Gras.
Die Schreie, das Stöhnen, die Angst, die entsetzliche Angst: hat der Wind sie fortgeweht?
Hier stieg der Rauch: Wohin? Hat Gott nicht gehört?

Sie kamen aus allen Teilen Europas, die meisten aus dem Süden und Osten. Die Züge fuhren nicht schnell. Es waren zu viele. Sie mußten wichtigere Transporte passieren lassen: Waffen. Soldaten. Nach Osten.
Die Gleise zitterten, und in den Wagen zitterten die Menschen. Aneinandergepreßt. Fünf Tage lang. Sechs Tage lang. Gestank.
„Mama, ich habe Hunger."
„Ich habe nichts, mein Kind."
„Mama, wann steigen wir aus?"
„Ich weiß es nicht."
Die Toten standen zwischen den Lebenden, aber Tote wärmen nicht mehr. Den Kühen, die man vorher in diesem Wagen transportierte, hatte man mehr Platz gelassen.
„Mama, gib mir etwas zu trinken!"
„Ich habe nichts, mein Kind."
„Warum hilft Gott uns nicht? Ich habe so viel gebetet."

Da schreit einer in der Ecke: „Sei verflucht, Jahwe, der du dein Volk vernichtest!"
Am fünften Tag schreit er nicht mehr: Der Speichel läuft ihm aus dem Mund, der Kot zwischen den Beinen. Den Schweinen, die man in diesen Wagen sonst gefahren hatte, gab man Stroh.

1942 kam der Zug mit den zweihundert Kindern aus dem Warschauer Ghetto in Treblinka an. Die Kinder waren mager und müde. Sie lebten schon lange von ein paar Krumen Brot und verfaulten Kartoffeln. Da paßten viele in einen Waggon.
Ihre Fahrt war nicht weit: Warschau–Treblinka. Vielleicht 200 Kilometer, ein paar Stunden gewiß, denn die Züge mit den Waffen und Soldaten fuhren auch nach Osten. Und die hatten immer Vorfahrt.
Aber als der Zug auf dem Bahnhof Treblinka hielt, mußte alles sehr schnellgehen. Noch heute gibt es Menschen, die stolz darauf sind, daß sie in nur zwei Stunden einen ganzen Zug... Doch das war erst später in Auschwitz, wo man alle Rekorde im Töten brach. Da hatte man schon die nötige Routine. Treblinka war ein relativ kleiner Betrieb.
„Der Lagerkommandant von Treblinka sagte mir, daß er 80 000 im Laufe eines halben Jahres liquidiert hätte. Er hatte hauptsächlich mit der Liquidierung aller Juden aus dem Warschauer Ghetto zu tun. Er wandte Monoxid-Gas an, und nach seiner Ansicht waren seine Methoden nicht sehr wirksam. Als ich das Vernichtungsgebäude in Auschwitz errichtete, gebrauchte ich also Zyclon B, eine kristallisierte Blausäure, die wir in die Todeskammer durch eine kleine Öffnung einwarfen. Es dauerte 3 bis 15 Minuten, je nach den klimatischen Verhältnissen, um die Menschen in der Todeskammer zu töten. Wir wußten, wann die Menschen tot waren, weil ihr Kreischen aufhörte... Eine andere Verbesserung gegenüber Treblinka war, daß wir Gaskammern bauten, die 2000 Menschen auf einmal fassen konnten, während die 10 Gaskammern in Treblinka nur je 200 Menschen faßten..."

So erklärte Rudolf Höss, Kommandant von Auschwitz, ein paar Jahre später vor dem Nürnberger Gerichtshof.

Der Zug mit den zweihundert Kindern also kam nach Treblinka, wo man etwas länger brauchte. Nur zweihundert Menschen konnte man auf einmal vernichten. So reichte eine Gaskammer für die Kinder. Und ihren Begleiter.
Sie kamen nicht allein, obwohl es Waisenkinder waren. Der mit ihnen kam, war damals 64 Jahre alt, Arzt und Schriftsteller. In seinen Büchern erzählte er von Kindern. Er kannte Kinder. Er heilte Kinder. Er lebte mit Kindern. Ein grauer Mann, hager, gebeugt, ausgemergelt vom Hunger. Denn im Warschauer Ghetto gab es schon lange nicht mehr genug zum Leben. Trotzdem hatte er gekämpft: um jedes einzelne Kind. Waisenkinder, verlassene Kinder – jüdische Kinder.

Geboren war er als Henryk Goldszmit, Sohn eines wohlhabenden polnischen Juden. Schon bald nach dem frühen Tod seines Vaters verarmte er und machte sich auf den Weg zu den Armen. Sein Kinderbild: der Kopf fast zu groß für den schmalen Körper, die dunklen Augen aufmerksam und weit, weit offen. In der Photographierpose ist noch die Anmut des Lebendigen spürbar.
Diese Augen sind in der Gaskammer von Treblinka gebrochen, als im letzten schrecklichen Erstickungskampf das Herz endlich zu schlagen aufhörte.
„Ich halte es überhaupt für besser, Bilder von Königen, Reisenden und Schriftstellern zu bringen, auf denen man sie sieht, als sie noch nicht erwachsen und alt waren, denn sonst könnte man ja auf den Gedanken kommen, sie wären schon immer so klug und niemals klein gewesen. Die Kinder denken dann, sie selbst könnten niemals Minister, Reisende oder Schriftsteller werden, und dabei stimmt das gar nicht", schreibt er zu seinem Kinderbild und läßt es in dem Buch veröffentlichen, das er mit 45 Jahren schrieb. Es heißt „König Hänschen I.". „Und dieses

Bild habe ich hier hingesetzt, weil es darauf ankommt, wann ich einmal König sein wollte, und nicht, wann ich über den König Hänschen schreibe…"
Er bekannte sich dazu, ein Kind gewesen zu sein. Er war stolz darauf und klagte doch nicht darüber, daß er nun alt geworden sei. Als Erwachsener, meinte er, könne man am besten für Kinder da sein.
Mit 32 Jahren brach er eine erfolgversprechende Karriere als Kinderarzt ab und wurde Leiter des jüdischen Waisenhauses in Warschau. Über dreißig Jahre lang lebte er mit zweihundert Waisenkindern.
Wieviele mögen das Grauen überlebt haben? Wer hat sich noch retten können? Wieviele von denen, die er großgezogen hatte, verbrannten im Feuerofen des Warschauer Ghettos? Und Gottes Engel stand nicht dabei?
„Ich will dich fragen, Gott, und diese Frage versengt mich wie ein verzehrendes Feuer: Was soll denn noch geschehen, damit Du uns Dein Gesicht wieder zuwendest?"
Die Schreie der Gequälten, Gejagten, Abgeschlachteten aus den brennenden Häusern, die Schreie verhallten – ungehört?
„Und das sind meine letzten Worte an Dich, mein zorniger Gott: Es wird Dir nicht gelingen! Du hast alles getan, damit ich nicht an Dich glaube, damit ich an Dir verzweifle! Ich aber sterbe genau, wie ich gelebt habe, im felsenfesten Glauben an Dich." So schreit Hiob aus dem Warschauer Ghetto. So schrieb stellvertretend Zvi Kolitz 1945 im Namen der Geopferten, die geschlachtet wurden vom Morgen bis zum Abend. Hören wir den Schrei?

Die Niederschlagung des Aufstandes im Warschauer Ghetto mußte Henryk Goldszmit, der sich später mit seinem Schriftstellernamen Janusz Korczak nannte, nicht mehr erleiden. Er ging den Weg in den Flammenofen freiwillig. Als sie durch die Straßen Warschaus zum Verladebahnhof zogen, trugen die Kinder stolz die grüne Fahne ihres Waisenhauses dem Zug

voran. Was hatte Janusz Korczak ihnen gesagt? Wohin hatte er versprochen, sie zu führen?
Am Morgen des 5. August 1942 brüllte man ihm den Befehl zu. Nur fünfzehn Minuten hatte er Zeit. Jedes Kind nur ein Gepäckstück. Und vor allem: Ruhe und Ordnung! Hat er gezögert? Hat er vielleicht einen Augenblick gezögert?
Die Erzieherinnen halfen beim Anziehen und Packen, vor allem den Kleinen. Vorbereitet waren die Rucksäcke schon.
Wozu packen? Er wußte Bescheid. Es stand im Rauch geschrieben, der über den Schornsteinen hing. Die Juden aus Ungarn, Rußland und dem fernen Deutschland mochten noch zwei Jahre später glauben, sie kämen in eine neugegründete Kolonie, man baute ihnen eine neue Existenz. In Warschau aber war er zu nahe an den Orten des Grauens, um nicht gehört zu haben, was die Bauern auf den Feldern sahen und – rochen. Der Gestank der Leichen lag in der Luft.
Also *er* wußte Bescheid. Er hatte zweihundert Kinder in guter Ordnung zum Bahnhof zu führen.
Und er hätte gehen können. Ein grauer, alter Mann. Er war berühmt. Freunde hatten einen Plan zu seiner Rettung entworfen. Für ihn allein hätte das Brot noch gereicht, das man bekam. Und den Kindern blieb ohnehin keine Chance mehr...
Aus den letzten Stunden hat er uns kein Wort hinterlassen, aber ein Tagebuch, das Freunde retteten, bevor die Deutschen das Haus durchsuchten. Er hat es nachts geführt, in den wenigen Stunden der Ruhe, bis hinein in das Schreckensjahr 1942: „Was für unerträgliche Träume: Gestern nacht... In einem Zug bringt man mich zu einem Abteil, ein Meter mal ein Meter, wo schon mehr als ein Dutzend Juden sind.
Heute wieder Tote. Leichen toter Kinder. Schweißnaß erwache ich im grausigsten Moment. Ob der Tod nicht ein solches Aufwachen ist, in einem Moment, da alles ausweglos scheint?“ (Aufzeichnung vom Juni 1942)
Was tat er in der Viertelstunde vor dem Aufbruch? Als im Haus schon alles in größter Hektik war und die kleinen Mädchen

ihre Lieblingspuppe an sich drückten, während sich die Jungen kleine Bälle unter die Pullover schoben...? Hat er zu Gott geschrien, die Hände zum grau verschlossenen Himmel erhoben, das Fenster zertrümmert und geflucht? Oder ging er nur einfach durch die Zimmer, half hier mit einem guten Wort, tröstete dort, sah vielleicht nach, ob die Halsentzündung abgeklungen, der verletzte Daumen geheilt war – und schaute auf die Uhr?
Wir wissen es nicht. Wir wissen nur – denn das haben die anderen gesehen: Er ging mit den Kindern und seiner Mitarbeiterin Stefania Wilczynska (auch sie soll nicht vergessen sein) zum Bahnhof. Er stieg mit den Kindern in den Zug. Von der Plattform aus sah ihn der deutsche Platzkommandant, trat an die Tür des Waggons und sprach ihn an.
Ob er der Kinderbuchautor Janusz Korczak sei?
„Ja."
Er solle aussteigen.
„Und die Kinder?"
„Die Kinder fahren."
Er fuhr mit.

Ankunft: Die Türen werden aufgerissen, die Kinder purzeln ins Freie. Die ältesten sind vierzehn, sechzehn Jahre alt. Sie tragen die Kleinen auf den Armen, blinzeln, im Wagen war es dunkel, schauen sich um.
Ist es hier? Ist dieser sorgfältig gepflasterte Bahnhof mitten in der weiten Landschaft schon das Ziel unserer Fahrt? Ist es das Land, von dem *er* uns erzählt hat?
Die Wachmannschaften, Deutsche, Polen, Ukrainer, sind zufrieden mit diesem Transport. Kein Geheul, kein Geschrei, auch keine Toten in den Waggons. Die Kinder lachen: *Er* ist ja bei ihnen. Was soll ihnen da geschehen...? *Er* war immer da. *Er* wird bleiben. Sie nehmen gehorsam ihre Bündel und warten. Das grüne Fähnchen weht im Wind.
Gebrüll, Geschrei von der anderen Seite. Die fremden Männer

tragen Peitschen und Gewehre. Was wollen sie damit? Die Kinder schauen nur zu *ihm*. *Er* gibt ihnen ein Zeichen, und sie gehen.

So kam Janusz Korczak mit seinen Kindern nach Treblinka. Und nun gibt es nicht mehr viel zu erzählen. Es dauert vielleicht noch eine Dreiviertelstunde. Dann ist alles vorbei. Eine Dreiviertelstunde Sterben. Es beginnt ganz harmlos.
„Ausziehen!"
Janusz Korczak und seine Kinder gehen in den kahlen Raum, ziehen sich aus. Der alte Doktor trägt seine zerschlissene Uniform. In drei Kriegen hat er als Militärarzt den Verletzten beigestanden. In Treblinka zog er sie aus.
Da sind Haken an den Wänden. Sie hängen die Kleider auf. Die Kleinen geben sich Mühe. Ordentlich soll es sein, so wie sie es im Waisenhaus gelernt haben. Die Großen helfen.
„Hier ist dein Schuh, Abramek!"
„Sarah, dein Hemd ist runtergefallen."
„Schuhe an den Schnürsenkeln zusammenbinden!" brüllt der Mann in der Ecke. Janusz Korczak steht nackt in der Mitte und nimmt seine Schuhe und bindet sie an den Schnürsenkeln zusammen.
„Los –!"
„Du mußt uns die Geschichte weitererzählen!" rufen die Kinder. „Du warst noch nicht fertig!"
„Das Wasser stand wie eine Mauer zu beiden Seiten, und unser Volk ging dazwischen durch. Wie auf einer Straße! Da lagen Steine und Muscheln. Die Kinder begannen, die Muscheln zu sammeln, aber die Eltern trieben sie an – weiter, weiter –, und so ging das Volk Israel mitten durch das Meer hindurch ..."

Janusz Korczak preßt die Lippen aufeinander. Sie sind trocken geworden. Es ist kalt, und die nackten mageren Kinder frieren.
„Ich erzähle gleich weiter, wir gehen nur erst in den Duschraum. Kommt!" Sie kommen. Sie drängeln sich nicht.

Die Peitschen der Wachmannschaften sinken herab. Keiner tanzt aus der Reihe.
Was denkt er? Was weiß er? Kennt er schon die Technik dieses Todes? Oder glaubt er noch an die Duschen?

„Mitten hindurch. Das Wasser stand ganz fest zu beiden Seiten, wie eine durchsichtige Mauer. Und in dem Wasser schwammen die Fische. Sie schauten durch die Flut auf das Volk, das da durchs Wasser zog, und sie konnten es nicht begreifen." Ein Junge lacht.
„Die Mütter trugen ihre kleinen Kinder. Die Väter führten die großen Kinder. Und die Waisen gingen mit ihrem Waisenhausvater und einer grünen Fahne..."
„Wie wir!" jauchzt ein Mädchen.

In Treblinka benutzten sie Monoxid-Gas. Das dauerte länger als später in Auschwitz, wo man in höchstens zwanzig Minuten – fertig war...
Das Gas steigt von unten nach oben. Janusz Korczak spricht laut, damit ihn alle hören können. Unsichtbare zischende Schlangen kriechen die Beine hoch.

„Sie mußten lange gehen von einem Ufer des Schilfmeers zum anderen. Manche wurden müde, und sie hatten Angst. Aber vor ihnen, vor ihnen ging Gott, und solange sie nach vorn schauten und nicht nach hinten, wo die Ägypter mit furchtbarem Geschrei und Peitschengeknall in einer großen Staubwolke heranstürmten, solange..."
Das Gas erreicht die Kleinen zuerst. Sie beginnen zu husten, nach Luft zu ringen, schreien und krampfen sich zusammen –
„... solange hielten sie aus."

Nun wissen alle, was geschieht. Die ersten sinken zusammen, fallen auf die, die neben ihnen stehen. Janusz Korczak spricht weiter.

Wachleute, die als letztes durch ein Guckloch in der Tür der Gaskammer schauten, haben es später berichtet. Ungerührt vom Todeskampf Tausender hatte sich dies doch in ihr Gedächtnis eingeprägt: Da stand der alte Mann, der hätte draußen bleiben können, und die Kinder preßten sich an ihn und hörten ihm zu.
Wir wissen, wie es war in den Gaskammern. Wir wissen es von denen, die nach zwanzig Minuten die Türen zu öffnen hatten: Wie Basalt standen die Menschen aneinander- und ineinandergepreßt. Die Stärkeren hatten die Köpfe der Schwachen zertreten. Blut und Kot mischten sich in braunen Rinnsalen mit den zerpreßten Gliedmaßen der Kinder: Oben, dort unter der Decke, gab es noch einen Augenblick länger Luft.
Wir wissen es. Aber wir wissen doch nichts. Keiner von uns weiß etwas. Keiner von uns ist da hindurchgegangen.

Janusz Korczak starb in der Gaskammer von Treblinka mit zweihundert Kindern. Er wird wohl kaum um sein Leben gekämpft haben. Man hat es ihm ja schenken wollen. Vorübergehend. Ihm lag nichts mehr an der letzten Atemluft – dort unter der Decke ...
Vielleicht überlebte er die Kinder um Sekunden oder Minuten, daß die letzten noch zu ihm hinschauen konnten, bevor ihnen die Lunge zerriß. Vielleicht hat er ihr qualvolles Sterben angesehen und geschrien, geschrien zu Gott, der das Volk durchs Schilfmeer brachte – trockenen Fußes.
Wir wissen nichts.
Man hat die Leichen in den Krematorien verbrannt. Die Kleidung wurde gebündelt. Wertsachen besaßen die Kinder nicht. Vielleicht hatte Janusz Korczak einen Goldzahn, den sie ihm herausbrachen.

Heute wächst Gras über den Krematorien von Treblinka. Aber in Jerusalem, auf dem Hügel von Yad Vashem, dem Mahnmal

des Schreckens und der Trauer, hat man ihm ein Denkmal errichtet:
Janusz Korczak mit seinen Kindern. Er hat sich klein gemacht zwischen ihnen, aber sein Kopf ist groß in ihrer Mitte, die Stirn zerfurcht. Seine starke Hand hält die Kinder, die schon dahinsinken, hält sie immer noch. Und seine Augen sind in die Ferne gerichtet:
„Was soll denn noch geschehen, damit Du uns Dein Gesicht wieder zuwendest?"

Die Äbtissin vom Paraklet

Aus der Dunkelheit des Mittelalters, aus dem Schatten des 12. Jahrhunderts, tritt uns eine leuchtende Gestalt entgegen. Eine Frau erhebt ihre Stimme. Nur eine Frau!
Sie wagt es, mitten im Chor der Männer aufzutreten, in der großen Litanei der Schreier und der Beter. Sie wagt es, zu uns zu reden. Da rufen die einen dazu auf, das Blut der Heiden zu vergießen. Da beugen sich andere mit inniger Liebe zu den Ärmsten hinab. Da predigen die großen Heiligen, und da lehren mit Inbrunst die Ketzer. Die Glut mystischer Liebe flammt auf in den Herzen der Auserwählten, und aus den Kerkern schreien die Gequälten. Nur ganz zaghaft lassen sich dazwischen Stimmen von Frauen vernehmen.
Wer liest noch die Dichtungen der Margareta von Schottland oder der Blanca von Frankreich? Königinnen – und doch vergessen! Allein die Stimme der klugen Hildegard von Bingen klingt noch herüber in unsere Zeit, wenn sie erzählt: „Es schaute die Taube durch das Gitter des Fensters ..."

Das Leben einer Frau ist kurz und hart. Sie wächst – kaum beachtet – heran, dient dem Mann, bringt Kinder zur Welt und stirbt. Wenn sie schön ist und reich, mag sie eine kurze Zeit lang im Mittelpunkt des gesellschaftlichen Interesses stehen. Aber kaum verheiratet, verblüht sie schnell. So früh sie erwachsen ist – mit dreizehn oder vierzehn Jahren –, so früh wird sie alt. Von den Kindern, die sie trägt und unter Schmerzen zur Welt bringt, sterben mehr als überleben. Und dabei sind die heranwachsenden Kinder doch ihr einziger Trost, wenn sie hinter dunklen, kalten Mauern neben einer verrußten Kochstelle ihre letzten Lebensjahre verdämmert.
„Wohl dir – Weib! – welch reines Wort", dichtet Reimar am Ende des 12. Jahrhunderts. Er meint die Frau am Hofe, die

Herrin, nicht die Bürgerstochter oder gar die Magd. Doch selbst eine hochgeborene Dame muß erfahren, daß sie nichts gilt zwischen den handfesten Interessen der Männer. Aus den Umtrieben der großen Welt, aus Krieg und Politik, hält man sie völlig heraus; außer, sie wird als Fürstentochter zum Objekt eines unwürdigen Schachers um Erbteile und Titel.
Nur eine unbedeutende Zahl von Frauen ist des Lesens und Schreibens kundig. Nur die wenigstens haben in ihrem Leben Gelegenheit, sich in das zu vertiefen, was Menschen gedacht und geforscht haben. Nur die allerwenigsten wissen etwas von sich selbst.

Und aus diesem dumpfen Chor heraus tritt eine Frau und erhebt ihre Stimme. Sie predigt nicht – wie könnte sie! Sie lehrt nicht. Aber sie leitet ein Kloster, sie sorgt für das Wohl ihrer Schwestern – und sie schreibt Briefe.
„... den Bischöfen war sie lieb wie eine Tochter, den Äbten wie eine Schwester, den Laien wie eine Mutter. Alle staunten über ihre tiefe Frömmigkeit, ihre Klugheit, ihre unvergleichliche Güte und Geduld, die sie bei jeder Gelegenheit bewies ..." – so lesen wir in einem zeitgenössischen Bericht über die junge Nonne.
Fürstin oder Äbtissin zu sein, war in jener Zeit die einzige Möglichkeit, sich vom bloßen Gegenstand männlichen Kalküls zur inneren Freiheit zu erheben. Und so fanden viele von den klügsten und mutigsten Frauen hinter den Mauern der Klöster ihren Platz.
1129 erreicht die spätere Äbtissin das Kloster Paraklet in der Champagne als Vertriebene. Sie ist auf der Flucht, obdachlos mit einigen Schwestern der Gemeinschaft von Argenteuil. Mönche waren dort eingedrungen, hatten Papiere vorgezeigt: Wegen „skandalösen Benehmens" sei das Kloster aufgelöst und dem Abt von St. Denis unterstellt.
Diese Schwestern hatten schon einmal alles hinter sich gelassen: manche einen ansehnlichen Besitz, eine wohlhabende

Familie, andere die Hoffnung auf Ehe und Mutterschaft. Nun waren sie wieder gezwungen, ihr winziges Bündel zu packen. Sie legten die fadenscheinigen Mäntel um und begaben sich auf die Suche nach einer neuen Heimat.
Hatten sie sich „skandalös" benommen? Wir wissen es nicht. Es gab unter ihnen solche, die man ins Kloster gezwungen hatte. Wenn die Burschen aus dem Dorf über die Mauern kletterten, könnte es sein, daß sie eine Tür nur angelehnt fanden. In Männerklöstern war das nicht anders. Nur – da war man eher geneigt, von „menschlicher Schwäche" zu reden.

Gedemütigt, mittellos, ins Elend gestoßen, wenden sich einige dieser Schwestern unter der Führung ihrer Priorin nach Troyes. Dort steht ein gerade notdürftig eingerichtetes Gebäude mit Schlafsaal und einer Kapelle, das sich der berühmte Lehrer Petrus Abaelard mit seinen Schülern als Unterkunft erbaut hatte. „Paraklet" nennen sie diese Stätte, „Tröster", so wie der Evangelist Johannes den „Heiligen Geist" nennt.
Die Nonne führt ihre Schwestern zu Abaelard und erhält von ihm das Land und das Haus als Äbtissin übertragen. Wie kommt der große, umstrittene Theologe dazu, dieser jungen Frau soviel Vertrauen zu schenken? Ihr die Verantwortung für eine erst im Aufbau befindliche Gemeinschaft zu übertragen? Kurze Zeit nach der Übergabe des Klosters und Regelung der Formalitäten zieht Abaelard fort – in ein weit entferntes Kloster. Die hungrigen und frierenden Schwestern bleiben allein und beginnen, ihr Leben zu organisieren. Aber die Verbindung zwischen dem „Paraklet" und Abaelard reißt bis zu seinem Tod nicht mehr ab.

Zehn Jahre zuvor hatte man in den Studentenquartieren von Paris die Liebeslieder des berühmten Abaelard gesungen, in denen er im Überschwang seiner Gefühle den Namen der Geliebten preisgab: „Heloise"!
Das junge Mädchen gehörte zu den privilegierten ihres

Geschlechts: Sie durfte lernen! Und zum Lehrer hatte der strenge Onkel, in dessen Haus sie aufwuchs (wir wissen nichts Sicheres über die Eltern), einen so bedeutenden Mann wie Petrus Abaelard geworben. In tiefe, ernste Gespräche führte sie die gemeinsame Lektüre der alten Philosophen und Dichter, wie uns die Tiefgründigkeit des späteren Briefwechsels ahnen läßt. Aber im Schwingen der verwandten Seelen schwang auch der Körper mit. Zur Zärtlichkeit der Worte fügte sich die Zärtlichkeit der Hände und Lippen. In stillen leidenschaftlichen Stunden erlebten die Liebenden, wie die „Flamme des Herrn" sie zum Leuchten brachte, daß sich die Welt um sie her erhellte im Feuerbrand ihrer Liebe.

„Du hast mir das Herz genommen, meine Schwester, liebe Braut, du hast mir das Herz genommen mit einem einzigen Blick deiner Augen, mit einer einzigen Kette an deinem Hals. Wie schön ist deine Liebe, meine Schwester, liebe Braut! Deine Liebe ist lieblicher als Wein..." (Das Hohelied Salomos)

Bedingungslos folgte Heloise dem Weg, den ihr der Stern ihrer Liebe wies. Selbst „durch die Hölle" wäre sie dem geliebten Mann gefolgt, so gesteht sie später.

Kaum eine dramatische Wendung, die den Liebenden erspart geblieben wäre:

Schwangerschaft, Flucht, Versteck im Kloster, verborgene Zusammenkünfte, heimliche Trauung, das Wutgeschrei der Familie – und eines Nachts die barbarische Rache des hintergangenen Onkels: Abaelard, der heimliche, aber rechtmäßige Ehemann Heloises, wird von gedungenen Knechten verstümmelt, entmannt. Und nun?

Voller Sehnsucht und Liebe, jung – und verlassen, dazu von dem wahnsinnigen Schmerz geplagt, daß der Geliebte um ihretwillen so furchtbar bestraft wurde: So findet sich Heloise am Morgen nach der Tat, über die das ganze mittelalterliche Paris sich erregt. Ihr Weg scheint nun vorgezeichnet: Verheiratung mit einem von der Familie ausgewählten Gatten, Kinder, Pflichten, Resignation unter der Decke eines von Mühseligkei-

ten erfüllten Lebens. Manche Frau trägt die Todeswunde über Jahrzehnte in sich und deckt sie zu vor den Augen der Welt, als müßte sie sich schämen. Aber Heloise wird noch mehr abverlangt.
Sie fügt sich und folgt Abaelards Befehl: Sie „nimmt den Schleier" und weiht ihr Leben Gott. Damit befreit sie den geliebten Mann von der Angst, sie könnte je einem anderen angehören.

Zwischen den betenden, früh verhärmten Schwestern steht sie – die Geliebte eines so bedeutenden Mannes; die, von der auf den Straßen die Studenten sangen –, und sie weiß, was sie opfert: den Mann, den Sohn, den sie erst Jahrzehnte später wiedersehen wird, die Träume von Liebe und Zärtlichkeit, die Schönheit ihres Gesichtes, das der Schleier nun vor aller Welt verbirgt, das Singen und Lachen ihrer Freundinnen...
Sie kniet nieder und fügt ihre Stimme in den Chor der Nonnen ein, die das Gebet der Stunde wiederholen – Tag für Tag, Jahr für Jahr, Jahrzehnt für Jahrzehnt. Ihr Mund betet mit, und auch ihr Herz betet, aber bei manchen Versen versagt ihre Stimme: „... denn er hat Großes an mir getan, der da mächtig ist und des Name heilig ist..."
„Nein", schreit es in ihr, „nein..."
Zurückgekehrt aus der Kapelle steht sie zwischen den kargen, grob gemauerten Wänden, vor dem Rundbogen einer kleinen Fensteröffnung am Schreibpult aus rohem Holz. Die Schwestern ruhen von der Arbeit, mit der sie sich ein Stück Land als Garten erschließen. Aber Heloise findet keine Ruhe. Sie schreibt Briefe an Abaelard, setzt nach Jahren das Gespräch fort, das sie wieder begonnen haben; schreibt, bis die kleine Glocke sie erneut zum Gebet in die ärmliche Kapelle ruft. Seufzend legt sie die Feder aus der Hand. Noch in ihre Träume hinein reichen die Gedanken und Klagen, die sie vor ihrem Mann ausbreitet und die sie auch Gott nicht verschweigt.
„Wenn es kein Frevel wäre – wollte ich es hinausrufen in alle

Welt: O du grausamer Gott, grausam in allen Stücken! O du unbarmherzige Barmherzigkeit! O unseliges Geschick!"

Abaelard gibt ihr Antwort. Wochen später bringt ein Bote das versiegelte Schreiben der Nonne an der Pforte. Man schickt zur Äbtissin. Nach dem Gebet der Vesper zieht sie sich zurück, bricht das Siegel auf und liest:
„An meine Gattin, jetzt meine Schwester in Christo!
Denke daran, daß damals unsere Schamlosigkeit nicht einmal vor der geheiligten Stätte haltmachte", schreibt Abaelard.
„Schamlosigkeit" nennt er ihre Begegnung im Kloster, in dem er seine junge Frau damals versteckt hatte!
Heloise weint, als sie das liest. Sie geht mit Tränen in den Augen zum letzten Gebet des Tages und breitet ihre Not vor Gott aus.
„Er ruft mich an, darum will ich ihn erretten. Ich bin bei ihm in der Not...", hört sie aus dem Psalm Gottes Stimme reden. Wenn ER, der Herr, so redet, kann dann Abaelard recht haben? Darf sie nicht klagen? Soll ihre Liebe nur Schmutz und Sünde sein, „Unzucht", wie Abaelard schreibt?
Sie kehrt zurück. Nach der Komplet herrscht Schweigen im Kloster. Die Schwestern huschen an ihr vorbei, suchen im Dunkeln ihre Schlafplätze, um die wenigen Stunden bis zum Gebet der Nacht, der Vigil um zwei Uhr, zu ruhen. Sie aber liegt schlaflos. War ihr der Freund, der Lehrer, der Geliebte nicht wie ein Bote Gottes erschienen? Hatte sie nicht all das von ihm gelernt, was sie Tag für Tag betete und lebte? Wie konnte er ihr jetzt sagen, daß es Sünde sei, wenn sie ihn liebte? Sie hört das ruhige Atmen der Schwestern neben ihr. Die Wand, an der sie liegt, ist feucht und kalt. Sie sehnt sich nach Wärme, denkt an ihr Kind, das irgendwo unter der Obhut von Verwandten heranwächst. Eine Nonne stöhnt im Schlaf. Welche Träume mögen sie plagen? Heloise spricht ein kurzes Gebet für die Schwester. Vielleicht wird nun auch sie träumen – wieder von ihm. Sie schließt die Augen und lächelt. Redet

Gott nicht auch im Traum? Morgen wird sie Abaelard antworten, ihm schreiben, was sie fühlt:
„Auch im Schlaf noch suchen berückende Erinnerungsbilder mich heim ... und vor mir sehe ich dabei nicht nur dich und was wir miteinander taten, nein, auch die Orte, an denen dies geschah, die Augenblicke selbst, in denen wir uns fanden, und dann meine ich, mit dir zusammen zu sein und alles wieder mit dir zu durchleben; auch im Schlaf läßt es mich nicht los."

Abaelard, einige hundert Kilometer entfernt in der Bretagne, in heftige Auseinandersetzungen mit den Mönchen seines Klosters verwickelt, liest – und wehrt ab. Nein, er kann nicht leugnen, wie „süß" die Lust war, die er empfand. Aber das Beispiel des Kirchenvaters Augustin steht ihm leuchtend vor Augen: Hat der nicht auch Schluß gemacht mit all der Verderbtheit des Leibes und seine Frau nach sechzehnjähriger Ehe von sich gewiesen um einer höheren Moral willen? Ihn, Abaelard, hatte Gott auf grausame Weise zum Verzicht gezwungen. Nun aber wollte er rein werden, vollkommen sein. Und so ereifert er sich über die treue, liebende Frau. Sie solle endlich einsehen, daß seine Kastration eine gerechte Strafe für ihre „Wollust" gewesen sei. Der zwanzig Jahre ältere, durch seine Entmannung zutiefst gedemütigte Mann sucht und findet genug Unterstützung in den Schriften der Heiligen, die er immer wieder aufschlägt, um Antwort zu finden auf seine brennenden Fragen. Die Schönheit der Frau sei von Gott nur geschaffen, um den Mann zu versuchen, die Ruhe des Philosophen zu stören; die körperliche Liebe, um ihn physisch „zu verwüsten".
Seine Unruhe treibt ihn in den Kreuzgang hinaus. Wie sollten er und Heloise recht haben, wenn doch alle Autoritäten der Kirche wie aus einem Munde verdammten, was ihrer beider Glück gewesen war? Er eilt an sein Schreibpult und greift zur Feder ...
Einige Monate später erreicht ihn die Antwort aus dem „Para-

klet“: „Das Liebesglück, das ich erfuhr, war so übermächtig, daß ich nicht mit Abscheu daran denken kann.“
„Ich finde in mir nicht die Kraft einer wahren Reue, mit der ich Gott versöhnen könnte; ja ich muß ihn vielmehr ob jener ungerechten Heimsuchung der höchsten Grausamkeit zeihen ...“
Nichts wird in diesen Briefen beschönigt. Heloise weigert sich, mit einer Lebenslüge sich selbst zu rechtfertigen. Sie nimmt auf sich, was anderen als Schuld erscheint. Und in dieser Aufrichtigkeit erfährt sie die Kraft, dem grausamen Gott dennoch zu dienen, wie sie auch nicht aufhört, den grausamen Geliebten zu lieben.
Briefe sind es, nichts als Briefe. Beim flackernden Licht einer Öllampe vor dem ersten Gebet des neuen Tages niedergeschrieben. Oder nachts unter dem Sternenhimmel, der die Sehnsucht im Herzen der einsamen Frau neu weckt. Briefe, nichts als Briefe, in denen sie die Stimme erhebt, stellvertretend für die vielen, die verstummt sind in ihrem Leid.
Wenn der Tag dann dämmert, richtet sie sich auf, verbirgt das Gesicht und das Herz unter dem Schleier und schreitet – umgeben von den Schwestern – zum Gebet und zur Arbeit. Gibt Anweisungen, schaut nach den Kranken, empfängt Besucher, nimmt dankend und würdevoll eine Schenkung entgegen, schlichtet den Streit zwischen zwei eifersüchtigen Schwestern, berät über den Verkauf eines Ackers – und es muß wieder Nacht werden, ehe sie ihren Brief fortsetzt: „Damals mögen manche gezweifelt haben, ob Liebe oder Begierde mich zu dir trieb; jetzt aber beweist ja das Ergebnis die Wahrhaftigkeit meines Gefühls von Anfang an: Ich habe auf alle Freuden dieser Welt verzichtet, um alleine deinem Wunsch und Willen zu folgen.“
Und sie hat recht: Abaelard selbst beschreibt mit Hochachtung und nicht ohne Zärtlichkeit das Idealbild einer Äbtissin, wie er es, Heloise vor Augen, für die Zukunft der Frauengemeinschaft entworfen hat. Denn es ist Abaelard, der als erster die Regel des

Heiligen Benedikt für die Bedürfnisse und Notwendigkeiten der Frauenklöster ausdeutet. Und Heloise weiß, daß sie es ist, von der es in dieser Regel heißt:
„Ihr Beispiel muß wirksamer sein als alles Reden; äußerst genügsam in der Kost, genießt sie keine Privilegien und stellt keine Sonderansprüche; sie speist mit allen an gemeinsamer Tafel und hält sich im Kloster auf... Wir bestimmen, daß die Äbtissin sich mehr um die geistlichen als um die leiblichen Angelegenheiten ihrer Mitschwestern kümmern soll... Sie muß als erste alle Übelstände im Haus bemerken, um sie gutmachen zu können, noch ehe andere davon erfahren und womöglich durch schlechte Beispiele irregeleitet werden... Immer muß sie mit großer Wachsamkeit auf ihren Konvent achthaben, denn sie trägt die Verantwortung für Leib und Seele der ihr unterstellten Schwestern."
So lebt Heloise ihre geschmähte und verachtete Liebe im Dienst und tut ihren Dienst aus Liebe.
Der rastlose Abaelard aber hat sich inzwischen allzu viele Feinde gemacht. Sein kühnes Denken, sein Anspruch, eigene Erfahrung gegen die Tradition zu setzen, und der ungeheuerliche Vorgriff auf eine ganz neue, ganz andere Zeit („Wir sündigen allein durch das, was wir gegen unser Gewissen und unsere Überzeugung tun") machen ihn den Autoritäten, denen er sich im Privaten untergeordnet hat, als Lehrer und Theologen verhaßt. In all der Unruhe, gejagt und als Ketzer schon mit dem Tode bedroht, erreicht ihn tröstend die Anrede der Äbtissin: „Du von vielen Geliebter, mir aber der Liebste!"
Heloise sucht noch einmal bei ihm Rat. Sie hat sich mit ihren Schwestern in der Stille des Klosters tiefer als andere Mönche oder Nonnen in das Studium der Heiligen Schrift vertieft. In einem langen Schreiben stellt sie ihm Fragen, die ihr und den Schwestern wichtig geworden sind. Sie findet in der Bibel nicht nur Antworten. Und sie deckt die immer noch brennende Wunde nicht mit billigem Trost zu, aber:
„Du sollst mir nicht vorwerfen können, ich sei ungehorsam

gegen dich, und deshalb will ich, so wie du es verlangtest, alle Äußerungen meines Schmerzes zügeln. Ich habe mir auferlegt, in diesem Punkt zu verstummen und das Schweigen einzuhalten."

Wenige Jahre später stirbt Abaelard (1142). Wie ein gejagtes Wild hat der unruhige Geist in einer idyllischen Einsiedelei Zuflucht gefunden, nahe beim alten Kloster Cluny, dessen Abt in den Ketzereien des Abaelard vielleicht schon die Gedanken einer neuen Zeit ahnte. Krank, resigniert, aber doch in Frieden durfte er hier noch eine kurze Zeit leben. Die Mönche, die ihn in Freundschaft umgaben, wußten – wie die ganze damalige Gesellschaft – von der Liebe und der Tragik seines Lebens. Vielleicht lebte in der Stille von Cluny, wo sich sein Streit um die rechte Lehre als – für sein Leben zumindest – sinnlos erwies, in seiner Seele noch einmal die innige Verbundenheit mit Heloise auf: „Vergiß nicht, daß ich dir gehöre."
Der Abt von Cluny, Petrus Venerabilis, berichtet der Gattin ausführlich über Abaelards christliches Sterben. Er ahnt ihren Schmerz und hat wohl auch aus Abaelards letzter Beichte viel erfahren von dem, was diese beiden Menschen miteinander verband. Nun möchte er Heloise trösten. Aber wie kann er das tun? Was kann der hohe geistliche Herr der Frau sagen, die ihren Mann nie besessen und nun endgültig verloren hat?
Der Abt besinnt sich und holt weit aus. Er hält der Trauernden einen Spiegel vor und zeigt darauf, damit sie erkenne: „Dieses schöne Bild eines von Gott gesegneten Menschen, das bist du, Heloise..." „Ich war noch ein Jüngling, stand erst an der Schwelle zum Leben, da drang dein Name schon als berühmt zu mir, noch nicht durch ein der Frömmigkeit ergebenes Leben, sondern wegen deiner bewundernswerten und tiefgründigen Studien. Es war damals die Rede von einer Frau, die sich trotz ihrer weltlichen Bindungen leidenschaftlich interessiert dem Studium der Wissenschaften ergab..."
Auch wenn wir wissen, daß eine gewisse floskelhafte Schmei-

chelei zum Briefstil des Mittelalters gehört, so ist dieses Lob des Abtes schon deshalb glaubwürdig, weil wissenschaftliches Interesse bei einer Frau etwas völlig Unerwartetes war. Der große Mann scheut sich auch nicht, selbst den Leichnam Abaelards zum Paraklet zu begleiten. Er übergibt ihn in einem feierlichen Akt Heloise, die dem Abt und seinen Mönchen aus dem Kloster mit den singenden Schwestern entgegenzieht. Die ihr am nächsten Stehenden müssen sie stützen. Die starke Frau wankt. Zum zweiten Mal hat sie den Mann, den sie liebte, verloren.

Wir kennen nicht die Worte, mit denen Petrus Venerabilis den Sarg mit der sterblichen Hülle Abaelards vor sie niederstellen läßt. Aber in seinem an Heloise gerichteten Brief hören wir ihn über die Jahrhunderte hinweg reden:

„Du hast dem Feind die Beute entrissen und hast die Wüste dieser Pilgerschaft, die unser Leben ist, durchquert, hast Gott in deinem Herzen einen kostbaren Schrein errichtet, und mit Mirjam hast du ein Loblied gesungen ... Du hast wahrlich dem Herrn ein neues Lied gesungen."

Wir hören Heloise selbst nur noch einmal in einem Dankschreiben an den Abt Petrus Venerabilis, das überliefert ist. Dann schweigt sie. Nur Gott hört noch ihre Stimme.

Zwanzig Jahre später wird die Äbtissin neben Abaelard beigesetzt, zwanzig Jahre des harten und kargen Klosterlebens. Die Liebende, die hochgebildete Frau, die ehrwürdige Äbtissin tritt zurück in den Schatten, in die dunkle Menge der Einsamen und Stummgewordenen.

„Des Nachts auf meinem Lager suchte ich, den meine Seele liebt. Ich suchte; aber ich fand ihn nicht." (Das Hohelied Salomos)

Katharina

Ich stelle mir vor: Es ist Abend. Da ist ein Zimmer. Schlicht und sauber.
Hier ein Stuhl. Dort ein Tisch. Schrank und Bett. Lauter Wirklichkeiten. Und draußen rauscht der Regen, überschwemmt die Straßen, und in den Pfützen spiegeln sich herabgefallene Lichter.
In dem Zimmer sitze ich und warte auf dich. Ich habe Angst vor dieser Begegnung. Nichts hilft mir mehr: Stuhl und Tisch, Schrank und Bett. Auch der Regen draußen macht es nicht erträglicher. Das Licht in den Pfützen verschwimmt.
Du näherst dich. Dein Schatten fällt auf die Gegenstände und verwischt die klare Schrift ihrer Kontur. Ich werde unsicher. Ich höre das Rascheln deiner Kleider. Wie du die Tür hinter dir schließt. Durch Räume gehst. Einen Tisch richtest. Nach der Magd rufst und mit deinen Händen über das Haar streichst, die lockere Strähne zurückbindest. Und dann wartest.

Katharina von Henot, geboren nach 1600 in Köln, wo die unvollendeten Türme des Doms zum Himmel ragen, nahe am Rheinufer, nicht weit vom Geschwätz des Fischmarktes. Tochter des kaiserlichen Postmeisters, Schwester des Domherren von Henot, dem sie den Haushalt führt. Sittsam und schön, noch nicht vermählt, aber auch noch nicht abgeschrieben, wartend.
1627 als Hexe verhaftet, gefoltert, verbrannt.

Wer warst du, Katharina? Was war an dir? Warum haben sie dich geholt? Ich suche nach irgend etwas, das ich zwischen uns stellen könnte, damit der Abstand größer würde: eine Schuld, einen Makel, ein Muttermal – etwas, das ich nicht mit dir teilen müßte. Du verweigerst es mir.

Du bist einfach da: jung, voller Lust am Leben. Hast als Kind genascht und deine Mutter, die Postmeisterin, belogen, den Bruder geneckt, den späteren Domherren, bist wohl mal verspätet mit schmutzigen Kleidern ins Haus geschlichen, von der Schaukel gefallen oder hast vergessen, die Blumen zu gießen. Nichts, was dich unterscheidet.
Warum ist deiner alten Waschfrau kein anderer Name eingefallen, als sie ihre Nierenkolik hatte? Und auch den verrückten Nonnen nicht, als man ihnen den Teufel austrieb? Was hast du ihnen getan, Katharina? Warum gingen die Raupen nur an den Baum des Nachbarn und nicht an deine reifen Pflaumen? Die andern wußten es...
Plötzlich wurde es still um dich. Die Nachbarinnen verstummten, wenn du vorüberkamst. Du hast deinen Korb fester in die Hand genommen und dich in das Gedränge des Marktes geschoben, warst dankbar für das Gezeter der Frauen, die Rufe der Kutscher, das Geschrei der Laufburschen, bist zurückgekommen, und die ganze Straße war leer. Dein Herz schlug dir fremd in der Brust. Du wußtest noch nicht, daß eine Spinne ihr Netz um dich spann, es fester und fester zog, daß aus vielen zerreißbaren Fäden unzerreißbare Ketten wurden.
Wie solltest du das alles auch ernst nehmen? Wenn da Raupen waren beim Nachbarn und er machte dich verantwortlich – was sollte das? Wer glaubte den Unsinn, den die betrunkene Waschfrau lallte? Lebtest du nicht unter vernunftbegabten Menschen?

Aber dann passierte die Geschichte mit Anna, und du wurdest nachdenklich.
Schon als kleine Mädchen habt ihr miteinander gespielt. Du warst die Tochter des kaiserlichen Postmeisters, Anna das Kind eines reichen Kaufmanns. Du warst immer ein bißchen hübscher als Anna. Aber das habt ihr lange Zeit nicht gewußt. Ich sehe euch im Garten toben, Beeren vom Strauch suchen und die Buben necken. Ich sehe, wie sie dann alle lachend

hinter Katharina herlaufen und Anna allein stehenbleibt, wie sie Katharina an der Schleife zupfen und nicht Anna. Da strömte Gift in ein verwundetes Herz.
Ihr seid Freundinnen geblieben, habt einander kleine Geheimnisse zugetuschelt, über die Stickerei gebeugt am Fenster gesessen und erzählt: von den dummen Mädchen aus der Altstadt, den Patriziertöchtern und den jungen Adligen. Ihr seid Arm in Arm zur Beichte gegangen und habt auf dem Heimweg gekichert über das Hüsteln des geistlichen Vaters.
Bis zu dem Abend. Du bist mit einer Schleife, die du ihr für das neue Kleid schenken wolltest, zu Annas Haus gelaufen. Die Magd kam dir entgegengeschlurft – wie immer. Anna sei nicht da, murmelte sie. Hattest du nicht das Gesicht der Freundin am Fenster gesehen? Du fragtest noch einmal, betteltest, von Angst geschüttelt, man möge dich einlassen. Da erscholl die Stimme von oben, hinter einer Tür, lauter als sonst, sich fast überschlagend: „Raus mit der Hexe!"
Du standest still, hattest gar keine Angst mehr. Die Mauern und Türen begannen, sich nach hinten zu senken, ein dunkler Raum entstand rings um dich, eine Finsternis wie die des Grabes. Dann bist du langsam nach Haus gegangen, die Straße entlang, hast dich mitten auf dem Fahrweg gehalten – weil sonst ja allzuleicht auch die Häuser sich hätten bewegen können – dein Tor, dein Zimmer erreicht, den Riegel vor die Tür geschoben, Fenster und Schloß geprüft und bliebst im Dunkeln sitzen, Stunde um Stunde. Gingen die Sterne auf? Kam dein Bruder nach Hause, rief nach dir? Zündete man das Licht an im Speisesaal? Katharina kam nicht.

Vielleicht, Katharina, bist du am nächsten Tag zu deinem alten Freund gelaufen. Der Prälat, schon deinem Vater treu verbunden, hat dich als Kind auf den Knien gewiegt. Du liebtest es, ihn zu necken, an seinem heiligen Rock zu ziehen und dich scherzhaft von ihm strafen zu lassen. Du warst sein Liebling unter all den Kindern, in deren Häuser er kam, und er hatte

stets eine Leckerei für dich irgendwo in den Falten seines Gewandes versteckt.
Als dein Vater starb, warst du wie selbstverständlich „sein" Kind, mochte der Bruder auch klüger und höher gebildet sein und selbst den Rock des Domherren tragen. Der alte Mann freute sich über dich, wenn du zur Tür hereingestürmt kamst und dein Wirbeln die alten Bücher entstaubte. Er wußte von deinen Wünschen, deinen Hoffnungen, und er lehrte dich, auch die Schmerzen zu tragen, die ein rauher Knabe deinem Herzen zufügte.
Nun wolltest du in seine Arme fliehen – vor dem tödlichen Schweigen, das sich um dich ausbreitete. Du sahst in seine Augen, ob dort auch der eiskalte Funke glomm, der dir die Gesichter der anderen so fremd machte. Aber sein Blick war vertraut und warm.
Er wurde zornig, als er hörte, was du erzähltest. Ungewohnt heftig schritt er im Zimmer auf und ab, ja seine Zähne knirschten. Aber dann wandte er sich dir wieder zu, zog dich auf seinen Stuhl, legte die Hand auf deine Schulter und wies zum Fenster. Es dunkelte. Noch hatte er kein Licht anzünden lassen. Er wartete mit dir, daß es Nacht würde.
„Schau", sagte er, hinter der Lehne stehend und immer noch die Hand auf deinem Arm, „sie kommen wieder, die Sterne. Mag der Tag sie verschluckt haben, jetzt sind sie da. Und selbst die finsterste Wolke, wenn sie auch allen Glanz vor unseren Augen verbirgt, muß weichen, und immer noch stehen die Sterne am Himmel. Der sie gesetzt hat, uns zu Mahnung und Trost, der wird dich nicht verlassen. Er wacht über deinem Weg. Er führt dich nach Hause."
Getröstet bist du gegangen. Jemand sah dich über die Straße huschen:
„Die Hexe ist unterwegs!"

Lange Zeit haben seine Freunde und er verhindert, daß die geharnischten Arme nach dir griffen. Du lebtest zwischen

Trost und Angst, deine Nächte voller Kettengeklirr, aber immer noch hast du die Sterne gesehen.

An dem Morgen, als sie dann kamen, wird der alte Mann noch im Bett gelegen haben. Ein Bote, außer Atem, brachte ihm die Nachricht: „Das Volk läuft johlend durch die Gassen. ‚Wir haben die Hexe gefangen, wir haben die Hexe gefangen!'"

Der Alte griff an sein Herz.

Er ließ seine Gewänder bringen, besprach sich mit dem Sekretär, mit deinem Bruder, verfaßte das Gnadengesuch und jagte den Kutscher zum kurfürstlichen Palast. Er keuchte die Treppen hoch, aber sie hielten ihn auf. Einer faßte ihn an die Schulter: „Bleibt stehen! Halt!" Sie redeten auf ihn ein, beschworen ihn bei allen Heiligen. Das Blatt habe sich gewendet. Man müsse sich anpassen. Hier sei keine Gnade gefragt. Wer davonkommen wolle, müsse still sein. Wollte er denn am Ende wie der Trierer Bürgermeister selbst auf der Folter seinen Bund mit dem Teufel bekennen? Sie meinten es ja nur gut mit ihm. Die Familie Henot habe nun einmal einen mächtigen Feind, den Grafen Taxis, der die Post in seine Hände bekommen wolle. Wer könnte sich mit dem anlegen? Und wer wüßte denn, ob Katharina nicht wirklich ...?

Der Prälat zögerte nur einen Augenblick. Wir wollen es glauben, daß er nur einen Augenblick zögerte, daß es einen Menschen gab, der nur einen Augenblick zögerte, dann weiterstürmte, die Stufen hinauf. Man läßt ihn passieren, er erreicht die kurfürstlichen Gemächer, wankt, aber:

Der Erzbischof sei soeben ausgeritten.

Er greift mit der Hand nach dem Geländer. Das Gnadengesuch fällt auf den blutroten Teppich, bleibt liegen.

Nehmen wir an, Katharina, er hat es noch einmal versucht. Aber der Erzbischof und Kurfürst, Ferdinand der Bayer, wußte, was er tat: Endlich aufräumen mit der rheinischen Toleranz! Wie in Trier und Paderborn, so soll nun auch im Rheinland die Sekte der Hexen, der jungen und alten, der Knaben und

Mädchen, ausgerottet werden. Und der Rat der Stadt wußte auch, was er tat, als er dem gehaßten Fürsten eine Hexe lieferte, und der von Taxis wußte, daß er nun das Postwesen in Köln in seine Hand bekommen würde.
Dein alter Freund, Katharina, wenn er ein Freund war, hat es nicht überlebt. Er starb an gebrochenem Herzen. Er starb im Bett. Weil du eine Hexe warst – flüsterten die anderen. Denn du warst schuld an seinem Tod.
Er starb versehen mit den Tröstungen der heiligen Kirche. Starb er getröstet?

Sie holten dich aus deinem Zimmer, von dem aus du auf die Gassen der Stadt blicktest. Wo du die Glocken läuten hörtest und andächtig vor deinem Bett das Nachtgebet sprachst. Denn du warst fromm; fromm und gut. Kein Bettler kam an deine Tür, der nicht einen Gruß, ein Stück Brot, ein Glas Wasser erhielt. Und jedes Glas soll dir belohnt werden...
Sie holten dich aus dem Bett, in dem du unruhig geschlafen hattest. „Es kann nicht sein, es kann nicht sein", rief dein Bruder, und die klagende alte Kinderfrau unten im Flur mag die Hände zum Himmel gerungen haben.
Wer hat dich begleitet? Wohin ist dein Bruder, der Domherr gegangen? Wußte er nicht, daß du verloren warst? Hatte er noch nie von der Folter gehört? Oder – glaubte er?
Er wird sich mit den anderen besprochen haben. Die Kollegen aus dem Domkapitel versammelten sich heimlich. Dein Freund, der alte Prälat, war schon unterwegs, aber die Herren blieben. Sie standen deinem Bruder bei, stärkten ihn in der Einsicht, daß deiner Seele das beste geschehe, wenn sie geprüft und geläutert eingehe zu Gott.

Warum sollte er ihnen am Ende nicht glauben? Gab es doch – von den klügsten Dominikanern verfaßt – eine Schrift, die alles erklärte, was er noch nicht verstand. Katharina lag nachts im Bett und schlief?

Hexen lassen einen Scheinleib zurück, wenn sie zu nächtlichen Tänzen entweichen.
Katharina beichtete jeden zweiten Tag?
Hexen wissen sich zu verstellen.
Sie war mildtätig und fromm?
Hexen erkaufen sich die Gunst der Menschen.
Es schauderte deinem Bruder. Er sah dich plötzlich grauenvoll verwandelt durch die Lüfte reiten, fühlte Erbrechen aufsteigen, legte sich stöhnend ins Bett und ließ Küche und Keller ausräumen. Er stand erst wieder auf, als alles vorbei war.

Aber da war auch der Junker, den der Krieg von weither ins Land verschlagen hatte. Abends stand er manchmal unter deinem Fenster. Sein schwarzes lockiges Haar, die feurigen dunklen Augen – du hast sie wohl beim Gang zur Messe gesehen, hast sein heimlich geflüstertes Wort im Vorüberrauschen gehört. Es hat deine Träume gefüllt, deine Gedanken haben an Luftschlössern gebaut.
Der Bursche ließ auch nicht ab, als ihn dein Bruder hochfahrend zur Rede stellte. Er verstand es, dir nahe zu sein auf den lärmenden Festen, in die du dich manchmal wagtest. Und wenn du auch nie ein Versprechen gegeben hast, du schautest nach keinem anderen.
Der Junker hörte das johlende Volk, lief durch die Gassen, fragte und wollte nicht glauben. Vor dem Tor des Kerkers lief er auf und ab, bis die Nacht kam und einer ihn fortzog. „Sie sind verrückt geworden – hier wie anderswo! Rette dich! Du kannst nichts für sie tun! Das haust schlimmer als die Pest."

Wo waren die Frauen, Katharina, die dich als Baby in ihren Armen wiegten? Wer hat dir, früh verwaist, deine Haare geflochten, dein Röckchen gebürstet? Was erzählten sie in den Küchen und Kellern, wenn die anderen jetzt danach fragten? Warst du nicht ein Kind, ein lachendes Kind? Bist den Schmetterlingen nachgelaufen, und hast den Reigen getanzt? Wem nur

ist es eingefallen, du habest schon früher nachts nicht schlafen wollen, nach dem Teufel gefragt und danach, wo man ihn treffen könne? Und was war das mit dem verletzten Raben, den du als Kind – weichherzig und voller Mitleid – in deine Stube genommen hast?
Geschichten schlüpfen aus den Mündern, schlängeln sich in die Ohren.
Sollte deine Suppe wirklich nach Krötendreck geschmeckt haben?
Eine Jungfrau warst du, als sie dich holten. Du ahntest wohl etwas, deine Haut verlangte nach der Wärme einer zärtlichen Hand, aber du hast dich mit der weichen Decke zugedeckt, hast nur geträumt, daß ein Bräutigam deinen Schoß berühre. Im Traum sahst du einen Himmel und Sterne daran aufgehen und eine Nacht ins Morgenrot tauchen, die neues Leben in dir erweckte.
Aber sie holten dich, weil du mit dem Teufel gebuhlt hast. Sengten dir die Haare ab und griffen mit groben Händen in deinen Schoß, suchten das Teufelsamulett, zerwühlten dich wie einen Morast. Und höhnten dazu.

Das war der Anfang. Neun Tage haben sie dich gefoltert, neun Tage und neun Nächte lagest du nackt in Gestank und Blut, die Glieder zerrissen, zertreten, zerstochen, halb verhungert.
Allein.
„Delinquentin sodann die Daumenschrauben angelegt. Zugeschraubt. Doktor Blankenberg sie gefragt, ob sie dem Schulmeister Pankraz seiner Frau ein Kindlein totgemacht. Nein, habe sie nicht. Fester geschraubt. Seufzt. Ob sie Raupen gezeugt? Will's nicht gewesen sein. Der S. ihr mit dem Hammer auf die Schrauben geklopft. Schreit. Ob sie Pfarrer Weyendall totgezaubert? Habe sie nicht. Ihr die Beinschrauben angelegt. Ruft: Soll ich lügen? ... Delinquentin, dieweil sie nicht mehr allein gehen konnte, in den Grevenkeller zurückgeführt."

„O komm, du Trost der ganzen Welt,
darauf sie all ihr Hoffnung stellt,
o komm, o komm vom höchsten Saal
und tröst uns hier im Jammertal!"

Da war einer – untröstlich. Komm, Katharina, ihn wollen wir betrachten. Vielleicht kanntest du ihn. Wir vermuten heute, daß er in jenem Jahr des Herrn 1626 nach Köln kam, als man begann, die Säuglinge zu zählen, die Katharina von Henot zu Tode gehext hatte. Sein Rock wird dir nicht so lieb gewesen sein wie der des Prälaten: ein Jesuit. Waren die nicht die schlimmsten?

Aber schau sein Gesicht an, die hohe Stirn! Sieh die brennenden Augen! Sein Blick ist voller Aufmerksamkeit und Frage. Ihm entging nichts. Hast du dieses Gesicht in der Menge gesehen, als sie dich fortschleppten? Oder saß er in seiner Zelle, hörte das Kreischen von der Straße, hielt sich verzweifelt die Ohren zu, tauchte die Feder ein und schrieb – als ginge es um sein Leben. „Cautio criminalis seu de processibus contra sagas liber" („Strafrechtliche Warnung oder Buch über die Hexenprozesse"), 1631 endlich erschienen. Er hat sich fast auf den Scheiterhaufen geschrieben. Mehrmals griffen die Henkersknechte nach ihm, aber immer tauchte er an einem anderen abgelegenen Ort wieder auf. Und sein Buch ist überall. Geht von Hand zu Hand. Wird verschlungen – und verworfen. Verbrannt, aber vergeblich.

Irgendwann bricht der Wahn in sich zusammen. Die Scheiterhaufen verglühen, der Wind treibt die Asche fort. Eine neue Zeit beginnt. Er hat sie vorbereitet. Aber sie kommt zu spät für dich. Und auch für ihn.

„Ich könnte solche Mißhandlung sowenig ertragen, daß ich mich sicher gleich von Anfang an jedes Verbrechens bezichtigen und lieber den Tod hinnehmen würde als solche Qualen ..."

Er wußte, wovon er schrieb. Er hat dich gesehen in deiner Not.

„Zu Gott ich hab gerufen zwar,
Aus tiefen Todesbanden:
Dennoch ich bleib verlassen gar,
Ist Hilf noch Trost vorhanden."

Ist das wirklich der „Traurgesang von der Not Christi am Ölberg"? Nein, da klagt einer, der nachts nicht schlafen kann, weil die Schreie aus deinem Kerker ihm die Seele zuschnüren. Er hat die „Daumenschrauben" gesehen, die zerquetschten Glieder, er sieht seinen eigenen Leib in den Händen der Folterknechte.

Gut, daß er Angst hat. Und trotzdem schreibt: Friedrich Spee von Langenfeld, Jesuit, Beichtvater der Hexen, fast Professor in Köln; nein, fortgejagt von der Angst. Auf der Flucht vor dem Scheiterhaufen sucht er den Tod. Den barmherzigen Tod. In Trier endlich findet er ihn, küßt ihn von den Lippen pestkranker Soldaten, stirbt – mit vierundvierzig Jahren – den Folterknechten entkommen, ungetröstet:

„Hier leiden wir die größte Not,
vor Augen steht der ewge Tod,
o komm, führ uns mit starker Hand
vom Elend in das Vaterland."

Da liegst du, Tochter des kaiserlichen Postmeisters, Schwester des Domherren – ein wimmernder, blutender Klumpen Fleisch. Du frierst in der Kälte des Kerkers. Kein Fenster. Die Sterne sind fort. Es gibt keine Sterne mehr und keinen Himmel.

Und dennoch – irgendwo hinter der dröhnenden Stirn: eine Hoffnung. Du hörst Schritte. Du meinst – du willst meinen, diesmal seien sie es nicht, es sei ein anderer, der kommt, dich zu holen. Der Junker vielleicht (er floh in den Krieg, plündert nachts schlafende Dörfer, wirft Feuer in jede Kirche, hat einen Haß und weiß nicht, worauf...)?

Du irrst. Immer noch irrst du. Sie sind es. Die Chronik hat ihre

Namen überliefert: Horn und Mohr. Zwei Jesuiten. Täglich müssen sie dem Erzbischof berichten.
„Hat sie gestanden?“
„Nein, sie leugnet.“
„Foltert sie! Foltert sie!“
Heile Gewänder, heile Körper. Aus ihren heilen Hirnen ist deine Hölle entsprungen. Sie fragen dich und betrachten sinnend deinen Leib. Sie sind zufrieden: Da ist nichts mehr, was reizt und lockt. Sie haben dich zerstört. Nur dein „Nein“, dein gewimmertes „Nein“, das müssen sie noch unterkriegen.
„Hat der Teufel gesessen oder gestanden? Trug er eine Rüstung oder ein Gewand? Wie hast du ihn angebetet? Du brauchst nur Ja oder Nein zu sagen. Trug er eine Rüstung?“
„Nein.“
„Ein Hemd?“
„Nein.“
„War er nackt?“
„Nein. Nein. Nein.“
„Wer war außer dir bei ihm? Deine Freundin Anna?“
„Nein.“
Sie tuscheln. Wie können sie vor ihren Herrn treten, wenn dieses Weib immer noch leugnet? Haben sie nicht alles versucht? Nur zu ihrem Besten? Könnte sie nicht eingehen durch den Scheiterhaufen in die göttliche Gnade, wenn sie nur endlich ihre Schuld bekennen wollte?
„Nein. Nein. Nein.“
„Katharina, deine Seele wollen wir retten. Hör doch, armes, verführtes Weib. Nur der Satan zwingt dich, nein zu sagen. Löse dich aus seiner Gewalt. Wir wollen für dich einstehen vor dem himmlischen Richter. Gesteh, Katharina, daß du eine Hexe bist!“
„Ich bin unschuldig.“
Sie gehen und schicken die Folterknechte. Noch einmal – durch alle Grade der Tortur!

Warum hast du nicht gestanden, Katharina? Vielleicht hätten sie dich nur acht Tage gefoltert!
Woher kam das in dir, was immer noch „ich“ sagte? Wer war dieses „ich“, das niemand mehr kannte, niemand mehr liebte, dem niemand mehr antwortete, dieses „ich“ – so verloren wie ein in den Sand gefallener Tropfen Wasser?

Der Morgen dämmert. Da stehen Tisch und Stuhl, Schrank und Bett. An diesem Morgen ist es vorbei. Endgültig. Sie kommen schon. Du kannst ihnen nicht mehr folgen. Sie schleifen deinen Körper über das Pflaster. Die Gaffenden stehen in dichten Reihen. Mütter halten ihre Kinder hoch. Deine Waschfrau – die mit den Nierenkoliken – hat sich einen Platz in der ersten Reihe erkämpft, gleich neben dem Bettler, dem du einst deine Hand entgegenstrecktest. Du erkennst die Gesichter nicht, deine Augen ertragen nichts Helles mehr.
Sie zerren dich vom Karren, richten dich auf. Vor dem Pöbel, auf dem Scheiterhaufen, zwingen sie dich, ein Papier zu unterschreiben. Du schreibst mit der linken Hand. Da brüllt einer triumphierend hinunter ins Volk: „Seht, sie schreibt mit links, sie ist eine Hexe!“
Die Masse johlt. Aber du hebst die Rechte, reißt den Lumpen ab und zeigst den blutigen Stumpen, den sie dir gelassen haben. Einen Augenblick ist es still.
„Unschuldig bin ich!“
Der Chronist hat deine Worte gehört.
Ich sitze und greife nach dem Tisch, aber er hält mich nicht aus.
Der Aufschrei der Menge gellt herauf bis zu mir. Der Flammenvorhang fällt. Die Häscher klopfen schon an eine andere Tür. Im Kerker wimmert ein Mädchen, dessen Name niemand mehr kennt.
Sind die neun Tage vorbei?

Zerbrochene Hände

Wenn man nördlich von Würzburg die Autobahn verläßt, trifft man auf große Hinweisschilder, gut sichtbar angebracht: „Zum Riemenschneideraltar!"
Die Schilder weisen uns den Weg zu einer kleinen Kirche. Sie steht am Ende einer Sackgasse.
Es war ein heißer Tag, als wir dort ankamen. Das Dörfchen Maidbronn lag im Mittagsschlaf.
An der Kirche war kein Schild angebracht. Die Holztür knarrte in den alten Angeln. Wir traten ins Kühle und Dunkle. Vor uns, dem Eingang genau gegenüber, erhob sich über dem Altar die rechteckige Steinplatte, in die der Meister sein letztes Werk gehauen hat.
Eingerahmt von Felsen stehen Menschen unter drei leeren Kreuzen. Den einen, den sie abgenommen haben, bettet ein alter Mann auf den Boden. Von beiden Seiten neigen sich Liebende über den grausam gemordeten Herrn. Die ihm am nächsten kniet, seine Mutter, fühlt tröstend die Hand des Jüngers auf ihrem Arm. Zwei andere Frauen, eine am rechten, eine am linken Rand, wenden sich weinend nach außen. Es dringt kein Schrei aus diesen vom Schmerz nach unten gezogenen Mündern. Eine verzweifelte, beängstigende Stille liegt über dem Werk. Auch die Engel an beiden Seiten des Kreuzbalkens halten ihren Jubel zurück. Dieser Tod ist ein Sieg. Aber teuer erkauft!
In die Mitte der Menschengruppe hat sich ein Fremder gestellt. Seine Mütze weist ihn als Nachgeborenen aus, auch wenn er sich als der Freund Jesu, Nikodemus mit dem Salbengefäß, deuten lassen will. Er kann noch nicht dabeigewesen sein, als Josef von Arimathia den Gekreuzigten in sein eigenes Grab legte, denn anders als die Zeitgenossen Jesu trägt dieser Fremde die Haare glatt, ungelockt. Sehr schlicht ist sein Gewand im

Vergleich zu dem bewegten Faltenwurf bei den Frauen und Jüngern. In den Händen hält er seine Gabe, die Salbe. Die Frauen werden sie brauchen, um dem leblosen Körper den letzten Liebesdienst zu erweisen. Was sucht dieser Fremde auf dem Bild von der Beweinung Christi in der ehemaligen Klosterkirche von Maidbronn?
Er ist mittendrin in dem Geschehen, er steht mitten in dem lautlosen Schmerz, der die Gesichter zeichnet und die Schultern der Umstehenden niederbeugt. Seine Unterlippe ist fast trotzig vorgeschoben, sein Gesicht verschlossen von einer tiefen, tiefen Traurigkeit. Dabei schaut er nicht auf den Gekreuzigten, schaut auch nicht weinend zur Seite wie die Frauen am Rande der Tafel. Sein Blick geht nach unten, über die Gruppe der Menschen hinweg, über den Tag hinaus. Es scheint sich vor ihm eine dunkle Zukunft aufzutun.

Das Relief entstand gegen 1525.
Damals war der Meister Tilman Riemenschneider fünfundsechzig Jahre alt. Ein erfülltes, gesegnetes Leben hatte er hinter sich, wie es kaum einem anderen Künstler geschenkt wurde. Schon zu Lebzeiten war er berühmt, und im ganzen mainfränkischen Raum waren die Kirchen geschmückt mit den Geschöpfen seiner Hände. Bescheiden und sich seiner Grenzen bewußt, suchte er nicht mehr als das, blieb in der Stadt Würzburg, die ihn so freundlich aufgenommen hatte, und verzichtete auf den Glanz der fürstlichen Höfe. Wortlos verkündigen die Gestalten aus Holz oder Stein, die in seiner Werkstatt entstanden, die Wahrheit des Evangeliums von der Liebe Gottes. Wehmut und tiefe innige Bewegung beseelen die Gesichter der Engel und Heiligen, und ihre Hände sprechen in einer eigenen Sprache zu dem Betrachter. Sie brauchen keine Farbe, keinen Glanz, kein schmückendes Beiwerk. Sie sind ganz von innen her bewegt.
In den Jahren, in denen Riemenschneider die meisten Werke schuf, konnte er selbst Wohlstand und Glück genießen, aber

immer wieder griff der Tod in sein Leben ein. Wir wissen wenig Einzelheiten darüber. Nur die Eintragungen in den Kirchenbüchern geben in schlichten Worten und Daten Auskunft darüber, was der Meister erlebte und durchlitt.
Drei Frauen starben ihm. Aus zwei Ehen stammen drei Söhne und drei Töchter. Als auch die dritte Frau gestorben ist und der alternde Mann sich einsam fühlt, heiratet er noch einmal die Witwe eines Schmieds.
Seine erste Frau, eine junge Witwe, war es, die dem Fünfundzwanzigjährigen, der aus dem Harz zugereist war, in der reichen Stadt das Bürgerrecht verschafft hatte. Wie sonst kaum ein Fremder erlangte er Ansehen. Schon 1504, mit vierundvierzig Jahren, ist er Mitglied des Rates der Stadt. Und 1520/21 übernimmt er das Amt des Bürgermeisters.
In weiten Gewändern, mit der mächtigen Kette um den Hals, das Barett auf dem Kopf, sehen wir den Meister der zarten Gestalten und vielsagenden Gebärden vor uns. Wie nur hat er es vermocht, die lauten Stimmen des Marktes zu ertragen, wenn er die Bilder der sanften Madonnen in seiner Seele trug?

1525 – ein Gerücht und Gemunkel geht durch die Stadt. Die durchziehenden Händler wissen es, und die reitenden Boten malen im Wirtshaus den zufriedenen Bürgern grausige Bilder vor Augen: Der Bauer im Lande ist aufgestanden!
Im fernen Wittenberg hat ein ketzerischer Mönch dem Papst und seiner geldgierigen Anhängerschaft den Kampf angesagt. Sie alle haben davon gehört. Da ist einer angetreten und hat nicht zurückgezogen, nicht einmal vor dem Reichstag. Und dieser Mönch, von dem man hinter vorgehaltener Hand schon als einem Heiligen spricht, dieser Ketzer und Himmelsstürmer, hat auch den Bauern das Evangelium neu ausgelegt.
„Von der Freiheit eines Christenmenschen", heißt es da. Jahrhundertealte Wut auf feiste Pfaffen und geistlose Pfründenverwalter ist nun losgebrochen. Mit Mistgabeln und Stöcken haben sich die Menschen erhoben. „Freiheit", heißt es nun

überall, „Freiheit einem jeden Christen! Vor Gott ist nicht Mönch, nicht Pfaffe!"
Sie überfallen Burgen und Klöster, werfen Feuerbrände in die Mauern ihrer Herren und morden sie, wenn sich einer von ihnen zu retten versucht. Mit den Worten des Evangeliums auf den Lippen reißen die Aufrührer Altäre ein.
Hat nicht auch Jesus die Tische der Wechsler im Tempel umgeworfen? Ist nicht endlich das Himmelreich nahe? – Was soll man davon halten? Die alte Ordnung scheint sich aufzulösen.
Der Rat der Stadt tagt. Die Bürger, weit erhaben über das Elend der leibeigenen Bauern, beraten sorgenvoll. Ist nicht auch ihnen der Hochmut von Fürsten und geistlichen Herren, vor allem dessen, der über ihrer Stadt auf dem Marienberg thront, ein ständiges Ärgernis? Und stimmt nicht so manches, was in den weitverbreiteten Flugblättern des Wittenberger Mönches über die Kirche und ihre Herren gesagt wird?
Vor allem ein Satz mußte dem gläubigen Meister nachgehen. In ihren „Zwölf Artikeln" versicherten die Bauern, sie wollten nichts, was nicht dem Wort Gottes gemäß sei. War es dem Wort Gottes gemäß, wenn die Ritter einem Schäfer die Ohren abschnitten und die Mönche ehrbare Bürgersfrauen in ihre Klöster lockten? Wenn ein Prophet, den Riemenschneider aus Lindenholz geschnitten hatte, warnend die langen, feinen Finger hob, so wies er auf alle die Geschwüre im Leib der Christenheit, wo nicht mehr ein Glied dem anderen diente, sondern die Mächtigen von der Kraft der Ohnmächtigen lebten.
Es waren sicher keine Betrachtungen über Luthers Theologie von der Rechtfertigung des Menschen allein durch den Glauben, die den Würzburger Ratsherren zu schaffen machten. Es ging um Politik, es ging um die Zukunft. Was wäre das für eine Zukunft, wo nicht mehr Schwerter und Lanzen, sondern die Sanftmut der Heiligen und Apostel Recht schafften – „denn sie sollen das Erdreich besitzen"!

Fürstbischof Konrad von Würzburg schickte einen Gesandten: Die Stadt solle ihm Waffenhilfe gegen die heranziehenden Bauern leisten. Im Rat wurde heftig diskutiert. Der Bote fühlte sich nicht mehr sicher und zog sich auf die Marienburg zurück. Als die Ratsherren bewegt und immer noch unschlüssig auseinandergingen, näherte sich auf der Straße Hans von Bermeter dem Meister Til. Bermeter war ein Haudegen und Trunkenbold, dem die Anliegen der Bauern gerade recht waren, um sich für alle erlittenen Demütigungen zu rächen, die ihm die Reichen und Mächtigen zugefügt hatten.
„Der Bischof hat seine Reiter schon in der Stadt versteckt!" flüsterte er Riemenschneider zu. Der empörte sich, mitten auf der Gasse, andere kamen hinzu, das Gerücht verbreitete sich in Windeseile durch die ganze Stadt. Die aufgebrachten Bürger suchten überall nach den versteckten Reitern – und fanden sie nicht.
Zwei Monate später schwor die Stadt den Abgesandten der Bauern, ihre Artikel zu halten und sich mit ihnen auf Gedeih und Verderb zu verbünden. Mit bangem Herzen ging Riemenschneider von der Ratssitzung nach Hause. Da stand in der Werkstatt der große Stein, aus dem er für das Kloster Maidbronn die Beweinung unter dem Kreuz heraushauen wollte. In der Mitte, der Nikodemus mit dem Salbentopf, hatte noch kein Gesicht. Til griff nach Schlegel und Meißel, schlug sorgsam in den Stein. Die Mundwinkel zogen sich ahnungsvoll herunter. Draußen auf der Gasse sangen die Gesellen. Sie hofften auf eine neue Ordnung, eine neue Zeit. Begeisterung erfüllte die Herzen der Bürger. Sie drückte sich nicht mehr aus in den Bildern von Heiligen. Sie lebte in der Sprache: „Erhalt uns, Herr, bei deinem Wort..."
Zunächst schienen sie im Recht. Der Fürstbischof floh aus der Stadt. Bauern drangen in die Mainviertel, plünderten, zogen weiter. Im Taubergrund aber trat den von Mord und Raub berauschten Haufen das organisierte Heer der Fürsten entgegen. Die Bauern wurden vernichtet. Am 7. Juni 1525 mußte

sich die Stadt Würzburg dem Bischof ergeben. Die Ratsherren wurden verhaftet.
Wußte Bischof Konrad, als er seine Henkersknechte schickte, Meister Til zu holen, wen er da in den Kerker warf? Kannte er nicht das Grabmal seines Vorgängers im Dom, das der Meister vor fast dreißig Jahren geschaffen hatte? Waren ihm nie Gedanken gekommen über diese Darstellung eines wachsamen Hirten, der unterm Nachdenken still geworden war und die Verantwortung auf gebeugten Schultern trug?
Rasend vor Wut hetzt der Sieger seine Knechte auf die geschlagenen Feinde.
Am 8. Juni reiten die Fürsten ein. Drei Henker in scharlachroten Gewändern folgen den Pferden. An diesem ersten Tag werden auf dem Marktplatz im Angesicht der schaudernden Bürger sechzig Menschen hingerichtet: „... nach Herzenslust", schreibt der Chronist Martin Cronthal.
Es war eine grausame Zeit. Auch der Mönch aus Wittenberg, der unter dem Schutz seines Landesherrn stand und das heillose Aufbegehren der seit Jahrhunderten unterdrückten und ausgeplünderten Bauern nur als furchtbaren Mißbrauch der evangelischen Freiheit verstehen konnte, trat den Verlierern dieses Krieges nicht zur Seite: „Sie haben verwirkt Leib und Seel als treulose, meineidige, lügenhafte, ungehorsame Buben und Bösewichter. Darum soll hier zerschmeißen, würgen und stechen, heimlich oder öffentlich, wer da kann, und gedenken, daß nichts Giftigers, Schändlicheres, Teuflischeres sein kann denn ein aufrührerischer Mensch."

Auf dem Marktplatz zu Würzburg wird eine Liste von Namen verlesen. Tilman Riemenschneider ist darunter. Er und die anderen, die der Bischof als Rädelsführer ansieht, müssen sich sofort ins Wirtshaus „Grüner Baum" begeben. Im Keller des Wirtshauses hält man 195 Gefangene 24 Stunden lang fest. Vor der Tür, auf der Straße, schleichen die Angehörigen vorbei. Mitten in der Enge, im Gestank, den schaurigen Anblick der

Hingerichteten noch vor Augen, steht Riemenschneider. Vorwurfsvoll schauen ihn die andern an: „Hättest du nicht von den versteckten Reitern geredet…"
„Ich hab's nicht gewußt!" schreit der alte Mann.
Die Tür wird aufgerissen, ein Schreiber des Bischofs erscheint. Er hält ein Papier in der Hand, ruft auf: „Tilman Riemenschneider, Ratsmitglied; Hans Hornung, Ratsmitglied" und noch achtunddreißig andere.
Sie stolpern aus der Menge heraus, die Gesichter von Angst verzerrt. Wohin? Zum Richtplatz? Man schleppt die vierzig zur Burg oben auf dem Marienberg und wirft sie in ein finsteres Loch. Mit Fußtritten und bitterem Hohn rächen sich die Knechte des Bischofs und die vor einem Monat tief gedemütigten Kleriker an den einst so würdigen Ratsherren.
„Wir werden euch braten", ruft ein Domherr den Gefangenen zu und lacht, als einer stolpert und fällt.

Zwei Monate lang liegt Riemenschneider auf dem faulenden Stroh. Er weiß nicht, ob es Tag ist oder Nacht. Irgendwann hört er durch die Mauern und die hölzerne Tür einen Schrei. Er zittert. Schweiß bricht ihm aus. Er fährt sich mit dem Ärmel seines Gewandes über die Stirn.
Wieder ein Schrei, als öffneten sich dort drüben die Pforten der Hölle. Dann ein anhaltendes Heulen, das näher kommt, Schritte und das Schleifen eines schweren Körpers. Ein Schlüssel rasselt, die Tür kracht, das Heulen verklingt in einem Winseln irgendwo in der Ecke.
Tils Atem steht vor Entsetzen: Die Schritte nähern sich wieder, der Schein einer Fackel geht über sein Gesicht. Er drückt sich an die hinterste Wand, aber sie reißen ihn heraus. Er kann nicht laufen vor Angst. Sie packen ihn grob am Arm, zerren ihn über den Steinfußboden – dorthin, wo im Feuerschein ein Richter des Fürsten sitzt.
Vor diesen Augen entstanden die zarten Bilder der ersten Menschen: des Adam, der noch den Schein des Paradieses auf

seinem Gesicht trägt, und der sehnsüchtig wartenden Eva. Diese Augen müssen in die Gesichter der Folterknechte sehen, in deren Blicken ein furchtbares Feuer lodert. Sie haben getrunken, ihr Atem stinkt. Aber so weiß der Richter, daß keine menschliche Regung sie hindern wird, die geschundenen Leiber noch furchtbarer zu schinden.
Lukas Cranach, der große Maler und Zeitgenosse Tilmans, hat diese Gesichter gemalt: In den Darstellungen der Passion umringen sie die leuchtend-heilige Gestalt des Erlösers. Ihr tierisch-dumpfer Blick, ihre halbgeöffneten Münder, die von Haß verzerrten Lippen kennzeichnen sie durch alle Zeiten und alle Jahrhunderte. Nie hat ein Riemenschneider solche Gesichter schaffen können. Zu hoch dachte er von den Menschen. Bis sie über ihn herfielen.

Sie haben ihn gefoltert. Die anderen im Kerker Zitternden hörten seine Schreie und wanden sich darunter in Todesangst. Die Folterknechte zogen die Daumenschrauben an, sie spannten ihn in den Balken, sie rissen seine Glieder auseinander, und wenn er um Gnade wimmerte, hörte er nur ihr höhnisches Lachen. Und wo war der Engel Gottes? Wo war Michael, den er als Sieger auf das Kaisergrab gesetzt hatte? Wo waren in dieser Stunde die himmlischen Heerscharen? Er schrie – aber sie hörten nicht. Die Peitsche sauste auf die hilflos ausgestreckten Hände.
„Da, Alter, und noch eins und noch eins ..."
„Vom Henker hart gewogen und gemartert", schreibt Cronthal. Er wußte, was das heißt: „... mit Schwefel und Pech gebrannt werden", „entkleidet und ausgepeitscht", „Verschnürung der Arme nach hinten mit tief ins Fleisch einschneidenden Stricken", „am Aufzug in solcher Verschnürung herabhängen ..."
Der Phantasie betrunkener und entmenschter Henkersknechte waren keine Grenzen gesetzt; nein, durch die feierlich am Anfang des 16. Jahrhunderts beschlossenen Prozeßordnun-

gen war jede Art der Qual registriert und ausdrücklich erlaubt worden.

Nach acht Wochen des Schreckens öffneten sich eines Morgens die Tore des Gefängnisses. Man schleppte den alten Mann, der allein nicht mehr gehen konnte, zum Tor. Dort stand sein Sohn Jörg. Fassungslos starrte er in das totenbleiche Gesicht des Vaters. Es gelang ihm kaum, den ständig leise vor sich hinmurmelnden Riemenschneider den Berg hinunter und durch die Stadt bis in die Franziskanergasse zu führen.
Tilman Riemenschneider kehrte nach Hause zurück. Ein großer Teil seines umfangreichen Vermögens wurde eingezogen. Seine Frau rieb den Stöhnenden mit Salbe ein, kühlte die verrenkten Arme. Lautlos lief das Gesinde durchs Haus. Zwei der Söhne zogen fort, einer lebte später als Künstler in Mailand. Die Werkstatt schloß ihre Tore. Schweigend schlichen die Nachbarn am Haus des Geächteten vorbei.
Nach Wochen steht Riemenschneider wieder auf. Die Frau hört ihn keuchend die Holzstiegen herunterkommen. Er nimmt den Schlüssel und öffnet das Tor zur Werkstatt. Hinter sich zieht er die Tür wieder zu.
Die „Beweinung von Maidbronn" – im Halbdunkel des Raumes steht der Stein, fertig bearbeitet, wie es scheint. Die Gesellen haben die zwei Engel rechts und links des Kreuzes herausgehauen. Nur dem Mann in der Mitte fehlt es noch an Ausdruck.
Riemenschneider dreht sich um. Durch die geschlossenen Läden fällt das Licht auf die zarte Gestalt des Verkündigungsengels, der mit gesenktem Kopf und einem zärtlichen Lächeln der Jungfrau Maria entgegentreten sollte:
„Fürchte dich nicht, du hast Gnade bei Gott gefunden!"
Schritte auf der Gasse. Riemenschneider hört die Stimmen der Nachbarn, die im Hof verklingen. Plötzlich greift er mit der linken Hand nach der Engelsgestalt, und mit einem furchtbaren Schrei schleudert er sie auf den Boden. Die fein geschnitz-

ten Finger brechen ab, ein Flügel zersplittert. Laut aufstöhnend dreht sich Riemenschneider um. Er stolpert die Treppe hoch und schließt sich ein. Die Frau hört ihn beten und schreien. Erst am nächsten Morgen wird er ruhiger, verlangt nach dem Priester.

„Die Nonnen von Maidbronn fragen nach dem Altarbild..."
Er schaut die Frau düster an. „Sie sollen es morgen holen."
Am Abend steht er wieder in der Werkstatt. Den zerbrochenen Engel stößt er mit dem Fuß in die Ecke. Er greift nach dem Werkzeug, aber die rechte Hand gehorcht ihm nicht. Mühsam kann er mit der linken den Schlegel halten. Es ist still im Haus. Er hört seinen schweren Atem gehen, zögert, setzt an, zittert, als hätte er nie eine Gestalt aus Stein gehauen...
Am Morgen kommt ein Wagen, kommen die Knechte des Klosters. Der Meister ist nicht zu sehen. In der Mitte der „Maidbronner Beweinung" steht ein Mann mit hilflos verzerrtem Gesicht.

Meister Til hat danach nichts mehr mit seinen Händen geschaffen. Seine Schüler zerstreuten sich. Viele seiner Biographen meinen, man habe ihm die Hände so zugerichtet, daß er nicht mehr zu schnitzen vermochte.
Sechs Jahre lebte er noch. Zwei Zeugnisse nennen seinen Namen, lassen Vermutungen aufkommen, daß er oder Schüler von ihm im Bauernkrieg zerstörte Altäre wieder herzurichten versuchten. Aber nichts davon ist gewiß.
Sein Sohn Jörg hat ihm auf dem Friedhof von Würzburg einen Stein gesetzt, auf dem geschrieben steht:
„Anno Domini MCCCCCXXXI am abent kiliani starb der ersam und kunstreich Tilman Riemenschneider Bildhauer burger zu wurczburg. dem got gnedig sey. Amen."
Die Nachwelt vergaß ihn. Seine Engel und Heiligen standen – kaum beachtet – in den Kirchen und Klöstern. Als man in einer neuen Zeit mit viel Gold und reichem Beiwerk die Heiligtümer

zu verzieren begann, zerstörte man ohne Bedenken die schlichten, farblosen Altäre, warf die Holzfiguren ins Feuer. Nur ein kleiner Teil des reichen Schaffens von Tilman Riemenschneider ist erhalten. Im vorigen Jahrhundert erst belebten sich von neuem den Betrachtern die Gesichter seiner zarten Gestalten, und sie erkannten darin ihre eigenen Träume von dem Bild Gottes im Menschen wieder. Und wir?
Wir stellen Wegweiser an die Straßen...
In dem Relief von Maidbronn liegen drei Hände aneinander zum Muster verschlungen: Es ist die Hand des tröstenden Jüngers, sanft auf den Arm der Maria gelegt. Es ist die Hand der Mutter Jesu, die offen und ausgestreckt ist. Und es ist die zerbrochene Hand des Gekreuzigten, von Maria gehalten, hilflos abgeknickt, noch verkrampft im grausamen Tod.
So hat man auch ihm die Hand und das Herz gebrochen – dem Meister Tilman Riemenschneider aus Würzburg.

„Ihr gehorsamster Sohn"

Nürtingen in Württemberg 1802: ein warmer Sommerabend. Auf der Neckarbrücke treffen sich Spaziergänger. Zwei Frauen sind darunter. Die Vorübergehenden grüßen sie höflich. Dic ältere, schwarz und ehrbar gekleidet, ohne jeden Schmuck, bewegt sich in einer fast starren Haltung. Die jüngere, ihr ähnlich, weniger hart und streng, aber sichtlich um ein würdiges Auftreten bemüht, erwidert mit Zurückhaltung jeden Gruß.

In der am Berg angelehnten Stadt staut sich noch die Hitze des Tages. Johanna, die Witwe des Bürgermeisters Gok, vierundfünfzig Jahre alt, stützt sich gedankenverloren auf den Arm ihrer ebenfalls schon verwitweten Tochter.

„Seit Ostern ...", sagt sie. Die Tochter Heinrike seufzt. „Kannst du nicht mal von was anderem reden?"

Seit Ostern keine Nachricht. Der Fritz ist verschollen. Es sind unruhige Zeiten. Die große, die schreckliche Revolution hat das ganze Europa in den Grundfesten erzittern lassen. Ein neuer Krieg dämmert herauf. Und gerade jetzt mußte er nach Frankreich gehen. Zu Fuß. Es gab zwar noch Nachricht: Er war in Bordeaux angekommen. Aber was hieß das schon?

Lachende Kinder kommen den Frauen entgegen. Rike wendet sich ihnen zu. Die Mutter schaut schweigend in die Ferne. Irgendwo hinter diesen Hügeln, irgendwo im fernen Westen sucht sie den Sohn – nicht den einzigen, aber den ersten. Den, um den sie gelitten hat. „Könntest auch mal an uns denken", sagt Rike vorwurfsvoll. Aber sie weiß, daß sie die Mutter nicht erreicht.

Eine Unruhe am westlichen Ende der Neckarbrücke erregt Rikes Aufmerksamkeit. Einige Spaziergänger sind stehengeblieben. Aus ihrer Mitte löst sich ein Mann und stolpert die Straße entlang, von spöttischen Blicken und einem höhni-

schen Zuruf verfolgt. Er kommt näher, noch hat Johanna, in ihren Gedanken verloren, den Blick nicht erhoben. Da preßt Rike mit einem Aufschrei den Arm der Mutter zusammen: „Mutter, 's ist der Fritz!"
Seine Hosen sind an den Schenkeln zerfetzt, der Umhang, den er trägt, hängt nur auf einer Schulter. Er keucht so laut, daß er den eigenen schlurfenden Schritt übertönt. Unter dem wirren langen Haar lodert ein unruhiger Blick. Als habe er damit gerechnet, sie zu treffen, tritt er vor die Frauen hin, keucht: „Hölderlin" – mehr nicht, als sei dies das einzige Wort, das er noch zu sprechen vermag.
Entsetzt treten die Nürtinger zur Seite. Eine Nachbarin kommt zu Hilfe, die wankende Johanna zu stützen. Die Schwester schreit auf. Er stiert ihr ins Gesicht. „Bin wieder da."
Er läßt sich nicht führen, geht mitten in der Menge, während man die halbohnmächtige Frau die Neckarsteige hinaufführt. Am querstehenden Haus auf halber Höhe wird laut geklopft. Rikes Kinder öffnen erstaunt: „Was ist los?"
„Es ist der Fritz", stöhnt Rike. „Geht, geht schnell in euer Zimmer."
Der Sohn tritt ein, schleudert den mit Schmutz verkrusteten Tornister in eine Ecke und wirft sich auf die Bank. Stumm starrt er die Seinen an. Die Mutter ist in einen Sessel am Fenster gesunken und hat die Augen geschlossen. Ihre Hände umkrampfen die Lehnen, und der Mund murmelt ein hilfloses Gebet. Nachbarn stehen im Raum, starren den heruntergekommenen Wanderer an, neue drängen in die Tür – da springt er auf, reißt einen Stuhl empor und schleudert ihn in Richtung auf den Eingang.
„Raus!" brüllt er.
Schreiend fliehen die Gaffenden. Rike verriegelt die Tür und sinkt davor zusammen. Er greift noch einmal nach dem Stuhl und läßt ihn krachend fallen. Dann reißt er die hintere Tür auf, läßt sie offenstehen, und man hört ihn die Treppe hochpoltern.

Er geht in seine Stube, schließt hinter sich zu und rüttelt an den Möbelstücken, dem Tisch, dem Stuhl, dem Schrank. Im Zimmer unten hören die Frauen sein Toben und klammern sich angstvoll aneinander.
So kehrte der Dichter Friedrich Hölderlin 1802 nach Hause zurück. Eine schon lange spürbare Krankheit des Gemüts schien die Oberhand gewonnen zu haben.

Wenige Wochen später, bei einem Besuch in Stuttgart, erreichte ihn ein Brief seines treuen Freundes Isaac Sinclair aus Homburg. „Am 22ten dieses Monats ist die G. gestorben, an den Röteln, am zehnten Tag ihrer Krankheit. Ihre Kinder hatten sie mit ihr und überstanden sie glücklich ... Du glaubtest an Unsterblichkeit, da sie noch lebte, Du wirst gewiß jetzt mehr denn vorher glauben, da das Leben Deiner Liebe sich zum Vergänglichen geschieden hat ..."
Hölderlin gerät von neuem außer sich. Wieder kehrt er nach Nürtingen zurück, steht im Haus an der Neckarsteige am offenen Fenster und schreit. In den Straßen ist es still. Die Nachbarn verkriechen sich. So schrecklich ist dieser Schrei, daß Johanna meint, das Herz müsse ihr darunter zerbrechen. Karl, der Bruder, schämt sich. Er will Karriere machen. Und dann ein Verrückter in der Familie! Rike weint still vor sich hin. Der Arzt kommt, bändigt den Rasenden mit mehreren starken Männern. Er scheint sich zu beruhigen.
Zwei Jahre später verläßt Hölderlin das Haus seiner Mutter endgültig. Er verläßt die Stadt, die ihm keinen Raum bietet für seine Verzweiflung. In Homburg, unter dem Schutz des Freundes, lodert die geniale Schaffenskraft des Dichters noch einmal auf:

Nah ist
und schwer zu fassen der Gott.
Wo aber Gefahr ist, wächst
das Rettende auch.

(„Patmos" – Dem Landgrafen von Homburg)

Doch im Laufe des Jahres 1805 vergrößert sich die Kluft zwischen der Welt und ihm so sehr, daß auch der Freund ihn nicht mehr erreicht. Und ein Jahr später führt sein Weg ohne Zwischenaufenthalt in Nürtingen nach Tübingen ins Klinikum. Auch dort kann man ihm nicht helfen. Schließlich findet er im Tübinger Turm eine Bleibe für sechsunddreißig lange Jahre. Als er stirbt, wissen manche es schon: daß er einer von Deutschlands größten Dichtern war. Eine aber hat es nie gewußt: seine Mutter.

Johanna Gok starb 1828, über achtzig Jahre alt, fünfzehn Jahre vor ihrem Sohn. Sie hat ihn nach seinem letzten Aufbruch aus Nürtingen nie mehr gesehen, nie mehr besucht. In ihrem Haus an der Neckarsteige saß sie über die Kontobücher gebeugt und verwaltete sein Erbe – sparsam, ja geizig, voller Angst, es könne nicht genug übrigbleiben, um ihn in seiner Krankheit zu ernähren. Es blieb so viel übrig, daß seine Erben reiche Leute wurden. Die Mißbilligung ihrer beiden anderen Kinder, Rike und Karl, nahm sie hin. Ihr Schmerz war so groß, als daß er dadurch noch größer hätte werden können. Und doch gibt es kein Zeugnis ihrer Klage. Es scheint, als habe diese stolze Frau alles in ihrem Leben vermocht. Nur dies nicht: einzustimmen in die Klagen des leidenden Hiob.

Mit noch nicht zwanzig Jahren hatte die Tochter eines frommen pietistischen Pfarrers den lebenslustigen und wohlhabenden Hölderlin geheiratet. 1770, nach vier Jahren Ehe, wurde sie endlich Mutter. Der Knabe, zart, aber widerstandsfähig, brachte in das Leben der jungen Frau eine Freude, derer sie sich fast schämte: Hatte der Vater sie nicht gelehrt, daß Christenleben sich in Mühsal und Pflichterfüllung verzehren müsse?

Leiden sammelt unsre Sinne,
daß die Seele nicht zerrinne
in den Bildern dieser Welt,
ist wie eine Engelwache,
die im innersten Gemache
des Gemütes Ordnung hält.

So dichtete um 1800 ein Theologieprofessor in Württemberg. Johanna wagte es kaum, das Kind an die Brust zu drücken, mit ihm zu lachen. Um so tiefer ergriff sie die Heiterkeit, das drollige Lallen des Knaben. Eine Tochter wurde ihr geboren, die einige Jahre später starb. Wieder schwanger, sechs Wochen vor der dritten Geburt, erlebte sie, daß man ihr den erst 36jährigen Mann „vom Schlage getroffen" ins Haus brachte. Der Arzt kam, sie pflegte ihn. Aber er starb ihr unter den Händen.

Es ist bestimmt in Gottes Rat,
daß man vom Liebsten, was man hat,
muß scheiden...

Mit drei kleinen Kindern blieb Johanna allein zurück und legte zum ersten Mal das schwarze Witwengewand an. Zwei Monate später verlor sie den eigenen Vater.

Die tiefe Trauer der jungen Frau, die kein Wort der Klage über die Lippen brachte, rührte die Menschen um sie her. Man bemühte sich um sie. Es gab Vermittlungen.

Eine zweite Ehe schenkte auch dem kleinen Fritz Heimat und Geborgenheit für die kommenden Jahre. Aber die Mutter wachte angstvoll darüber, daß nicht zuviel an jauchzender Freude den Jungen verdarb. Der fröhliche Vater Hölderlin war der ernsten jungen Frau wohl manchmal gar zu leichtfertig erschienen. Hatte Gott ihn vielleicht deshalb so jung aus dem Leben gerissen?

Stets beherrscht und würdevoll gab Johanna ein Beispiel für die Tugend der Selbstbeherrschung und Pflichterfüllung wider alle egoistische Neigung und die Verderbnis der menschlichen Natur. Als ihr zweiter Mann Bürgermeister von Nürtingen wurde, mußte sie gesellschaftliche Verpflichtungen wahrnehmen, die Würde und sicheres Auftreten erforderten. Und so verschloß sie mehr und mehr die Gefühle in ihrem Herzen, die sie nachts nicht schlafen ließen, als ihr nacheinander vier Kinder starben: die Tochter Hölderlins und drei Kinder aus der Ehe mit Gok. Nur der Sohn Karl überlebte mit Fritz und Rike.
Sechs Jahre nach der zweiten Heirat brach mit einer Neckar-

überschwemmung eine neue Katastrophe über die Familie herein. Das Haus stand zwar hoch genug über dem tosenden Fluß, aber die Bürger der Stadt, allen voran der Bürgermeister, kämpften gegen die anschwellende Flut. Stundenlang stand Gok im eiskalten Wasser. Fiebernd kehrte er nach Hause zurück. Kaum über dreißig Jahre alt starb er an der Lungenentzündung. Johanna legte aufs neue Witwenkleidung an.

Nach diesem furchtbaren Schlag scheint nur ein Gedanke das Leben der Mutter beherrscht zu haben: Fritz soll die beste Ausbildung bekommen. Fritz soll Pfarrer werden. Fritz soll in Frieden und Wohlstand leben. Sie sah – in den seltenen Stunden der Entspannung am Fenster in der Neckarsteige sitzend – sich selbst wohl manches Mal als alte Frau in einem stattlichen Pfarrhaus, umringt von den Enkeln, versorgt von einer wohlwollenden Schwiegertochter. Hörte man nicht schon im Tonfall des heranwachsenden schmalen Knaben das Pathos einer Predigt? Er lernte gut und leicht: Latein, Griechisch, Hebräisch, erfaßte mit seinen Worten die Gedanken der Großen und führte sie fort. Lebhaft und klug war er, der heimliche Mittelpunkt des Hauses, vom jüngeren Bruder anfangs maßlos bewundert. Die Mutter und die inzwischen in das Nürtinger Haus eingezogene Großmutter sprachen abends oft über die Zukunft des Jungen.
Es gab nur einen Weg, ihre Wünsche zu erfüllen: Fritz mußte die niedere und die höhere Klosterschule durchlaufen und ins Tübinger Stift einziehen. Dann würde das herzogliche Konsistorium ihn auf eine Pfarrstelle setzen, irgendwo im ruhigen und wohlhabenden Land Württemberg.
Hatte je ein Mensch Johanna gefragt, ob sie Ehefrau, ob sie Mutter werden wollte? Was hätte sie auf eine solche Frage antworten sollen? So kam es, daß keine von den Frauen je den Gedanken hatte, den Fritz zu fragen, ob er denn Pfarrer werden wolle. Was hätte er antworten sollen, da er doch spüren mußte, daß viel, daß alles für seine geliebte Mutter daran lag...

Es war, vor allem unter den guten Christen, nicht üblich, „Ich" zu sagen. Der grausame Gott, der Johanna zwei Männer und vier Kinder vom Herzen gerissen hatte, forderte seine Opfer. Und so konnte Johanna nichts anderes denken, als daß der Fritz „im Gehorsam bleiben", Pfarrer werden müsse, weil sie ihm – stellvertretend für den himmlischen Vater – den Weg dazu bereitete.

Später, viel später klagt Hölderlin in einem Brief an seinen Bruder über die „Knechtschaft", „die von allen Seiten auf unser Herz und unsern Geist in früher Jugend und im Mannesalter hereindringt" (2. 6. 1796). Nie hat er es gewagt, seiner „verehrungswürdigsten Mutter" davon zu schreiben. Er wußte wohl, daß er ihr alles dankte. Aber was war das „alles"?

Sie gab ihm, was sie hatte.

Den Gedanken, eine andere Laufbahn einzuschlagen, trug Hölderlin lange mit sich herum, um ihn doch – der Mutter zuliebe – immer wieder zu verwerfen:

„Ich habe mich entschlossen, von nun an in der Lage zu bleiben, in der ich bin. Der Gedanke, Ihnen unruhige Stunden zu machen, die ungewisse Zukunft, die Vorwürfe, die ich von den lieben Meinigen verdiente, und die ich mir in redlichem Maße selbst machen würde wann mich die Hoffnung getäuscht hätte... das ekle Studium der Juristerei, die Allfanzereien, denen ich mich beim Advokatenleben ausgesetzt hätte, und von der anderen Seite die Freuden einer ruhigen Pfarre, die Hoffnung auf gewisse bäldere Bedienstigungen, die Vorstellung, den Seinigen zu lieb vier Jährchen hindurch bei Beschwerlichkeiten gleichgültig zu sein..., all dies bewog mich endlich, Ihnen, liebe Mamma zu folgen. Elternrat beruhigt immerhin." (Anfang 1790)

Aber hatten Mutter und Großmutter auch nur eine Ahnung von den „Beschwerlichkeiten", der Enge und Widrigkeit dieses streng reglementierten Studentenlebens am Stift? Die jungen Männer waren auf Gedeih und Verderb den Autoritäten von Staat und Kirche ausgeliefert, deren Unfehlbarkeit nicht mehr feststand, seit der Wind aus Frankreich die Gedanken der Revolution herüberwehte.

Aber die Mutter zahlte.

Karl mußte auf eine akademische Ausbildung verzichten und hat das dem Bruder nie verziehen. Und keiner ahnte, wie sehr „der Fritz" in der stickigen Luft des Internats nach Atem rang.

Es schien eine Zeitlang alles so abzulaufen, wie es geplant war. Und Hölderlin unterschrieb jeden Brief mit: „Ihr gehorsamster Sohn."

Die Mahnungen der Mutter im Ohr, „die Pflichten gegen unser 1. Gott und Vater im Himmel" nicht zu versäumen, legte Hölderlin sein theologisches Examen ab. Von der Liebe, die Gott den Menschen zuwendet, hatte er in seinem Studium wenig gehört. Die zarte Inbrunst vieler württembergischer Pietisten, denen der Herr als Freund der Seele begegnete, war den Lehrern der Theologie so fremd, wie sie es wohl auch seiner Mutter war. Ihre Erfahrungen mit Gott verschloß sie tief in ihrem Herzen, breitete sie nicht aus wie ein Fräulein von Klettenberg in den „Bekenntnissen einer schönen Seele", die der große Goethe niederschrieb. Sie hatte – anders als die „Stillen im Lande" – ihren Platz in der Institution Kirche gefunden. Aber fand sie dort auch die Brüder und Schwestern, die mit dem klagenden Hiob ein neues Leben begannen? Oder waren es nur dessen vier Freunde, die sich neben sie setzten und von Schuld und Strafe redeten?

Mit klopfendem Herzen lauschte Johanna der Examenspredigt ihres Sohnes, sah sich am Ziel ihrer Wünsche. Aber Fritz bat um eine Frist. Statt sich dem Konsistorium zur Verfügung zu stellen, suchte er einen Ausweg nach dem andern: „Waltershausen" war der erste – „Hauslehrer". Die Mutter hoffte, er werde, wie versprochen, nach einer begrenzten Zeit des Wanderns zurückkehren, eine Familie gründen.

Sie wird nie erfahren haben, daß eine Gesellschafterin der Frau von Kalb wenige Monate nach Hölderlins Abschied aus Thü-

ringen ein Mädchen gebar. Es starb nach wenigen Wochen. Die Forscher schreiben heute: „Hölderlins Tochter".
In dieser Zeit unterzeichnet er die Briefe an die Mutter nicht mehr mit „gehorsam"; er schreibt „Ihr treuer", „getreuer" oder nur „Ihr Fritz". Nicht, daß die Verbindung jemals abgerissen wäre. Nach jedem Scheitern sucht die Mutter neue Möglichkeiten, die es ihm schmackhaft machen müßten, endlich, endlich das ruhige bürgerliche Leben zu führen, das sie ihm durch ihre Opfer ermöglichen wollte. Unbegreiflich ist ihr der Hochmut, mit dem der Sohn seine Bedürfnisse als ein zu höherem Berufener über alles setzt, was recht und ordentlich ist.

„... man begehrt einen tauglichen Menschen. Bin ich denn das, wenn ich ehrlich sein will? Ist das Alter und die Stimmung, worin ich lebe, tauglich zu irgendeinem festen häuslichen Verhältnis? Wie viele Bedürfnisse, mich zu bilden und zu wirken, hab' ich noch, die in einer Lage, wie meine künftige sein würde, unmöglich sich befriedigen lassen würden?" (30. 1. 1797)

Hat sie auch von dem Verhältnis in Waltershausen nie erfahren, *der* Skandal, der die ganze Gesellschaft Frankfurts erregte, muß auch ihr zu Ohren gekommen sein. Und irgendwann fielen ihr sogar die Briefe der Susette Gontard in die Hände.
Anfangs erklärte Hölderlin in einem langen Schreiben der Familie seine Trennung von dem Hause Gontard in Frankfurt mit den fortgesetzten Demütigungen des Geistreichen durch den Reichen. Aber die Spatzen pfiffen es von den Dächern bis hin nach Nürtingen: Hölderlin liebt die Frau Gontard. Frau Gontard liebt Hölderlin. Was den Späteren als Quelle der schönsten Lieder, als lockende und berauschende Erfüllung jeder menschlichen Sehnsucht erscheint: die Liebe zwischen Friedrich Hölderlin und seiner „Diotima" – Johanna preßte die Lippen fester aufeinander. Sie gehörte nicht zu denen, die – am französischen „Ancien Regime" orientiert – in Fragen der Ehe

großzügig dachten. Als pietistische Bürgersfrau erstarrte sie vor Scham.
Die Verehrer des Dichters haben in späteren Jahren gern die Sinnlichkeit dieser großen Liebe mit Theorien zugedeckt. Aber vergeblich. Die Sprache der Leidenschaft in den erhaltenen Briefen der Susette verrät mehr als eine Schwärmerei, die sich vom Boden der Wirklichkeit ablöst.
Das Glück aber hätte Hölderlin in den Augen der Mutter auf ganz andere Weise gefunden. Schon 1796 wies sie den Sohn auf eine verwaiste Pfarrstelle hin. Die junge Witwe sei nicht abgeneigt... Also hatte sie schon ein Gespräch begonnen, den Sohn dargestellt: „Er ist noch etwas unruhig, aber das wird sich bald legen. Er ist ja noch jung. Und so begabt. Sie müssen hören, wenn er seine Gedichte vorliest..."
Nie hätte sie eine so verworfene Frau wie Susette Gontard akzeptiert. Ihr Herz mußte sich auch dem Leiden verschließen, an dem „Diotima" zerbrach: einsam in der kalten Pracht ihres Hauses, glänzend in ihrer Schönheit, alleingelassen in ihrer Schwermut. Daß sie nach der Trennung von Hölderlin kränkelte und an einer Kinderkrankheit starb, bringt sie der Mutter des Geliebten nicht näher. Die glaubte an die Heimsuchung Gottes und sein ehernes Gesetz. „Weder Unzüchtige noch Ehebrecher werden das Reich Gottes ererben."
Würde Gott diese Todsünde des geliebten Sohnes je verzeihen? Sie schlug ihre alte, in schwarzes Leder gebundene Bibel auf und las laut in das leere Zimmer hinein:
„Ärgert dich aber dein rechtes Auge, so reiß es aus und wirf es von dir. Es ist dir besser, daß eins deiner Glieder verderbe, und nicht der ganze Leib in die Hölle geworfen werde."
Aus dem ins enge Korsett gepreßten Leib löste sich ein lautes Schluchzen.
Warum hat niemand ihren Finger auf eine andere Stelle gelegt: „Deshalb sage ich dir: Ihre vielen Sünden sind vergeben, denn sie hat viel geliebt; wem aber wenig vergeben wird, der liebt wenig."

Es war niemand im Haus, der sie hörte. Die Hände ineinander gewunden, lag sie mit dem Kopf auf dem Tisch und weinte ... Eine verheiratete Frau! Seine Geliebte!
Niemand hörte ihre Klage. Was in den stillen Stunden zwischen Gott und ihr geredet wurde, können wir nur ahnen. Ihr Mund blieb verschlossen bis ans Ende.
Nur einmal wird in ihren Briefen eine Erkenntnis deutlich, die ihr das Herz noch tiefer zerreißen mußte:
„Vielleicht habe ich Dir ohne mein Wissen und Willen Veranlassung gegeben, daß du empfindlich gegen mich bist ... sei nur so gut und melde es mir, ich will zu verbessern suchen." (29. 10. 1805)
Aber auf diese Frage kann oder will Hölderlin keine Antwort mehr geben.
„Verzeihen Sie, liebste Mutter, wenn ich mich Ihnen nicht für *Sie* sollte ganz verständlich machen können. – Ich wiederhole Ihnen mit Höflichkeit, was ich zu sagen die Ehre haben konnte. Ich bitte den guten Gott, daß er ... Ihnen helfe in allem und mir."
So schreibt der Kranke aus dem Tübinger Turm und unterzeichnet wieder wie in seiner Jugend mit: „Ihr gehorsamster Sohn Friedrich Hölderlin."

Das, was die Zeitgenossen und die Nachwelt zumeist als Wahnsinn ansehen und manche Freunde als „eine aus wohl überdachten Gründen angenommene Äußerungsart" (Isaac Sinclair an die Mutter 1804), hat zwischen ihm und der Welt, auch zwischen ihm und der Mutter eine unüberbrückbare Schranke errichtet. Er weigerte sich, der zu sein, der er sein sollte.
Wenn die alte Frau in ihrer schwarzen Tracht durch Nürtingen ging, folgte ihr mancher verstohlene Blick. Auch wenn Hölderlin sein Elternhaus nie wieder besuchte, wußte doch die ganze Stadt von seinem Schicksal. Man tuschelte gern – dort wie hier, gestern wie heute – über die zerbrochenen Hoffnungen

jener, die vielleicht den Eindruck erweckt hatten, sie wollten etwas „Besseres" sein.
„Da hast's wieder – immer schön bescheiden!"
„Hast mal ein Gedicht von ihm gelesen? Merkst gleich: Bei dem stimmt's nicht."
„Die arm Frau! Und dabei immer so stolz!"
Es gab die hämischen Stimmen und die mitleidigen, die offenen Herzen, bereit zum anteilnehmenden Gespräch, und die vielen, die nur mit sich selbst beschäftigt waren.

Die Mutter schwieg. Sie regelte peinlich genau die Versorgung des Kranken und überließ ihn der Fürsorge einer ihr völlig unbekannten Familie. Dabei spürte sie in den Briefen des Tischlermeisters Ernst Zimmer, wie sehr diese Menschen, die nie etwas von ihm erwartet hatten, ihren Sohn liebten.
Johanna verbrachte ihre letzten Jahre nicht in dem erträumten stattlichen Pfarrhaus, saß sonntags nicht unter der Kanzel, von der ihr Sohn seine Predigt hielt. Las sie seine Gedichte? „... und wer so / liebte, gehet, er muß, gehet zu Göttern die Bahn." (Menons Klagen um Diotima)
Wußte sie, daß die jungen Dichter des schwäbischen Landes zum Tübinger Turm pilgerten, um in Trauer und Bewunderung bei dem Sohn zu sitzen, dessen sie sich zutiefst schämte?
Sie starb 1828, achtzig Jahre alt. Eine versteinerte alte Frau. Sie gab ihrem Gott ein Leben zurück, in dem jede Gabe Verlust war und jede Freude der Auftakt neuer Schmerzen.
Unter den Briefen, die sie aus Tübingen erhalten hatte, findet sich ein Schreiben des Tischlermeisters vom 19. April 1812. Er berichtet der „Hochgeehrten Frau Kammerrätin" von ihrem Sohn:
„Sein dichterischer Geist zeigt sich noch immer tätig, so sah er bei mir eine Zeichnung von einem Tempel. Er sagte mir, ich sollte einen von Holz machen, ich versetzte ihm darauf, daß ich um Brot arbeiten müßte, ich sei nicht so glücklich so in philosophischer Ruhe zu leben wie er. Gleich versetzte er: Ach

ich bin doch ein armer Mensch, und in der nämlichen Minute schrieb er mir folgenden Vers mit Bleistift auf ein Brett:

Die Linien des Lebens sind verschieden
wie Wege sind, und wie der Berge Grenzen.
Was wir hier sind, kann dort ein Gott ergänzen
mit Harmonien und ewigem Lohn und Frieden.

„Auch wenn es Nacht ist“

Toledo in Spanien: Mauern und Türme klammern sich an den steilen Abhang. Kirchen reißen den Blick nach oben. Über zusammengedrängten Dächern behaupten sich die Paläste. Tief unten zwischen den Felsen der Schlucht: ein Rauschen. Wolken ballen sich zu Hügeln, in die kein Weg mehr führt. Himmel und Erde streiten miteinander: Fahles Licht zerreißt die drohende Finsternis.
El Greco, der Maler aus Kreta, hat die Stadt gemalt, die seine neue Heimat wurde: ihre Mauern und Brücken, ihre Dächer und Türme, ihre Schluchten und ihre Wolken, ihre Finsternis und ihr Licht.
In die Mauern des Karmelitenklosters von Toledo ist von innen ein Loch gehauen, geplant als Abtritt für eines der anliegenden Zimmer: etwa zwei Meter breit und drei Meter lang, ohne Fenster. Auf dem Boden dieses Raumes liegt ein Holzbrett. In der Ecke steht ein Eimer. Unter der Decke des Verlieses befindet sich ein Spalt, ungefähr drei Finger dick.
Eine kalte Winternacht, 1577.
Soeben hat – nur wenige Kilometer entfernt – im Palast des Klosters Escorial der mächtige König Philipp II. einen Brief aus der Hand gelegt. Eine Nonne hat an ihn geschrieben; sie hat es gewagt, den Herren Spaniens und weiter Teile des reichen, neuentdeckten Amerikas anzureden. Vom 4. Dezember datiert das Schreiben, ein Bote hat es aus Avila gebracht, aus dem Kloster von der Inkarnation.
„Herr“, schreibt die Nonne, „er ist so dünn von den vielen Leiden, die er erlitten hat, daß ich fürchte, er wird sterben ...“
Der König zuckt die Achseln. Er kennt diese Nonne, sie hat viel Aufregung verursacht. Eine Frau mit Ideen und Temperament. Eine echte Spanierin.
Sie hat sich nicht in das Haus eines reichen Mannes und ein

langweiliges Damenleben geschickt, hat gegen den Vater revoltiert, ist ins Kloster gegangen. Und nicht nur das: Sie hat ein eigenes Kloster gegründet und dann mehrere und aufrührerische Nonnen um sich versammelt. Sie hat ihrem Orden die bittersten Vorwürfe gemacht und Gottes Willen beschworen. Im fernen Deutschland gab es einen Mönch, der ebenso handelte. Fast könnte Theresas Aufbegehren an ihn erinnern. Aber – Gott sei Dank! – Philipp hat Spanien vor der Seuche des Irrglaubens geschützt. Der Großinquisitor tritt vor den König. Theresa von Avila ist es gelungen, den Papst zu beeindrucken. Sie steht unter höchstem Schutz. Aber damit scheint sie nicht zufrieden zu sein. Sie fordert das Eingreifen des Königs.
„Was ist geschehen?" fragt Philipp.
Der Großinquisitor neigt den Kopf. Hat er nicht andere Sorgen? Kaum reicht das Holz für die zahllosen Scheiterhaufen, mit denen er den rechten Glauben tief, tief in die Herzen des Volkes brennen muß. Und nun dieser Streit.
„Er nennt sich Johannes vom Kreuz und hat sich der Reform Theresas von Avila angeschlossen. Sie hat ihn zum Beichtvater der Nonnen gemacht. Man sagt ...", seine Stimme senkt sich, im Raum knistern die Kerzen in den hohen goldenen Leuchtern, „... man sagt, die beiden seien Heilige, so groß ist ihre Liebe und Begeisterung für Gott und die Menschen."
„Wir brauchen keine Heiligen!" Aus dem Schatten tritt Herzog Alba. „Wir brauchen Ruhe und Ordnung. Ihr wißt, wie es in Deutschland aussieht und – in den Niederlanden."
Der König winkt ab. „Ihr werdet Gelegenheit haben, in die Niederlande zu kommen, Herzog. Jetzt will ich von der Liebe dieser seltsamen Heiligen hören und nicht vom Blut, das Euer Schwert vergießt."
„Ein Streit unter Brüdern", sagt der Inquisitor immer noch mit leiser Stimme. „Die Karmeliten sehen ihren Bruder als Rebell an. Sie haben ihn überfallen und verschleppt. Gerüchte sagen, er sei in Toledo. Wir wissen es nicht. Wir haben Wichtigeres zu tun."

Der König legt den Brief zur Seite.
„Ich hielte es für besser", steht da in großen, leidenschaftlich hingeworfenen Schriftzügen, „er wäre in die Hände der Mauren gefallen, da diese vielleicht Mitleid mit ihm hätten."
Der König runzelt die Stirn, als sein Blick auf diesen Satz fällt. Er wendet sich vom Großinquisitor ab und greift zum nächsten Schriftstück. „Wenn man ihn findet, soll man ihn befreien."
Der Großinquisitor verneigt sich schweigend. Man wird ihn nicht finden, weil man ihn nicht suchen wird.

Auf dem Boden des in die Klostermauer eingelassenen Kerkers liegt Johannes vom Kreuz. Zwei alte Decken hat er um seinen mageren Körper gelegt. Draußen hört er die Schritte der Mönche, die zum Nachtgebet in die Kirche eilen. Er muß allein beten.
Tagelang haben ihn seine Bewacher auf einem Esel durch Schnee und Regen über die unwirtlichen Berge geschleppt. Die einfachen Menschen in den Dörfern, die ihn sahen, waren voller Mitleid mit dem Gefangenen. Sie planten seine Flucht. Aber er lächelte und dankte.
Bei der Ankunft in Toledo hat man ihn freundlich aufgenommen. Mit einem neuen Gewand, mit Schuhen, ja mit einem goldenen Kreuz hat man ihn gelockt.
„Bruder Johannes, wir, deine Brüder vom Heiligen Karmel, wir, die dich lieben und auf den rechten Weg bringen wollen ..."
Die Worte des Generalvikars Bruder Jeronimo sind verklungen. Johannes hat sie nicht gehört.
„Rebell! Aufrührer! Sollen wir vielleicht leben wie du? Barfüßig, anspruchslos? Wer bist du eigentlich, anmaßender kleiner Mönch ..."
Die großen schwarzen Augen des Johannes gehen an den tobenden Richtern vorbei. Er scheint sie nicht zu sehen. Er sieht einen anderen, der gefesselt inmitten einer tobenden Menge steht. Und er lächelt.
„Fort mit ihm. Fort!" Sie schleppen ihn hinaus.

„Wir werden seinen Stolz brechen. Wir werden ihm zeigen, daß er im Unrecht ist!" Jeronimo erhebt sich, bleich vor Wut. „Ich rechne auf euch, Brüder."
Nun zittert Johannes in der Kälte des Kerkers. Er starrt nach oben, wo der Spalt ist, durch den zur Mittagszeit drei Finger breit Licht, Licht ins Dunkel dringt.
Er kann den Spalt nicht erkennen in der Nacht. Die Wolken, die sich über Toledo türmen, sieht er nicht. Er schließt die Augen und wartet.
Um den Leib trägt er den Drahtgürtel der Büßer. Die Stacheln bohren sich tief in sein Fleisch. Sein Hemd ist hart geworden vom verkrusteten Blut. Der Schlaf erbarmt sich nicht des ermatteten Körpers. Nur Fragen, Fragen drängen aus dem Dunkel: Was wird aus den anderen? Wohin haben sich die treuen Brüder gerettet? Wird man auch die Nonnen verfolgen? Wird am Ende nichts bleiben von den großen Ideen der Reform?
„Mein Gott, es kann doch nicht alles umsonst gewesen sein!"
Er wälzt den Kopf zur Seite, hin und her. „Nein, Gott, nein! Nicht in Gold und Silber begegnest du uns. Du warst arm. Wir wollen auch arm sein!"
Wie einfach und wie schön haben die Brüder und er gelebt! Welche Liebe hat sie erfüllt! Wie inbrünstig haben sie gebetet in ihren schmucklosen Kapellen! Welch ein Licht hat in ihren Augen geleuchtet!
Fast hätte der Schlaf Johannes getröstet. Aber die Schmerzen und die Kälte halten ihn wach. „Mein Gott, mein Gott..."
Die Mönche kommen vom Gebet zurück. Zwei bleiben auf dem Gang stehen.
„Hier, hier haben sie ihn untergebracht."
„Wen?"
„Den kleinen hochmütigen Mönch."
Sie stellen sich dicht an die verschlossene Tür.
„Warum verbrennt man ihn nicht wie die Ketzer? Wofür hebt man ihn denn noch auf?"
„Die Liebe", sagt der andere, „die Liebe des Ordens..."

Sie kichern.
„Wenn er wüßte, daß der Papst längst seine Lehre vom einfachen Leben der Mönche verworfen hat! Daß die verrückte Nonne von Avila ihre Klöster aufgeben mußte! Aber er will ja nicht begreifen ..."
Die Schritte entfernen sich. Die Mönche legen sich zur Ruhe. Johannes hat den Kopf an die eiskalte Mauer gepreßt. „Nein, Gott, nein! Sie lügen! Sie lügen! Sie wollen mich zerbrechen." Es würgt in ihm, und er meint, sich übergeben zu müssen. An der Wand entlang tastet er sich zu dem stinkenden Eimer in der Ecke. Er stolpert, fast hätte er ihn umgeworfen.
Nach einer Weile beruhigt sich der Magen wieder. Johannes kauert auf seinem Brett, sucht vergeblich die Wärme des eigenen Körpers. Er preßt die Fäuste vor die Augen. „Warum hast du mich verlassen?"

Der nächste Tag ist ein Freitag. Jeden Mittwoch und Freitag holen sie ihn ins Refektorium. Er sieht die Mönche an den langen Tischen sitzen, vor ihnen die Schüsseln mit dampfendem Gemüse. Zwei haben ihn aus seinem Loch herausgezogen und stoßen ihn in eine Ecke des Speisesaals. Angeekelt wenden sie sich ab, dem Generalvikar zu, der an der Spitze der Tafel sitzt.
„Bringt ihm sein Essen!"
Die Schüssel mit wässriger Suppe wird hereingetragen. Auf Befehl des Vikars hat der Koch sie übermäßig gesalzen. Ein kleines Stück Brot wirft der Küchenjunge vor den Gefangenen auf den Boden. „Da, iß!"
Der Generalvikar spricht das Dankgebet. Johannes betet laut mit.
Hier sträubt sich die Hand.
So grausam können Brüder nicht mit einem Bruder umgehen; nicht, wenn der Name Jesus Christus über ihrer Tischgemeinschaft ausgesprochen wird! Ich will es nicht wahrhaben. Ich gebe nur weiter, was die Freunde und Brüder erfuhren und

aufschrieben – die Erzählungen der Gäste des Klosters, die mit Schaudern diese Mauern wieder verließen, und die Geschichte, die auf dem Rücken des Johannes eingegraben war in der grausamen Schrift der Narben.
Ich füge nichts hinzu, es ist ohnehin zuviel. Ich nehme lieber etwas weg: die Zeit. Ich schreibe nicht neun Monate lang, auch wenn sie ihn neun Monate lang gequält haben. Ich nehme nur die wenigen Minuten in Anspruch, die es dauert, um zu sagen, was kaum zu sagen ist:
Sie aßen und ließen ihn hungern.
Sie beteten und ließen ihn allein.
Sie standen auf vom Gebet und schlugen ihn.
Einer nach dem andern nahm die Peitsche mit den eingeflochtenen Metallstücken. Seinen verkrusteten Mantel hatten sie ihm ausgezogen. Einer nach dem andern schlug auf den nackten Rücken. Und sie sangen dabei.
„Er leidet – wie ein Märtyrer", erzählt man flüsternd in der Stadt und in den umliegenden Dörfern.
Wenn ihn alle geschlagen und beschimpft haben: „Hochmütiger! Du willst uns in die Hölle schicken, aber warte: Du bist vor uns da!", werfen sie ihm seinen Mantel wieder über und schleppen den halb Ohnmächtigen zurück in sein Verlies. Die Tür wird verschlossen. Es ist Nacht um ihn.

Johannes sinkt auf seinem Brett zusammen. Stunden vergehen, ehe er wieder denken kann. Seine Augen bohren sich in die Finsternis. Er sieht nichts. Und wenn er die Augen schließt, sind die höhnisch grinsenden Gesichter seiner Peiniger über ihm. Kein Licht. Er könnte ebensogut blind sein.
Aber, wenn es wahr wäre, daß seine Brüder und Schwestern draußen ihn verlassen hätten – warum quälten sie ihn dann hier? Warum wollten sie noch immer seinen Willen brechen?
Er krallt die Hände ineinander: „Nein, Gott, mein Gott – sie haben Unrecht, sie schaffen es nicht, Du bist bei mir."
Er schläft ein paar Stunden.

Als er erwacht, ist die Nacht um ihn nicht heller geworden. Er hält die Augen geschlossen, er weiß: Da ist nichts zu sehen. Aber seine Lippen bewegen sich. Unablässig flüstert er ins Dunkle. Die Hände streckt er aus, als sei da etwas in der Luft, was er festhalten müsse – aber er hat ja nichts, womit er es halten könnte: kein Papier, keine Tinte. Der Kopf will ihm fast zerspringen. Worte – Verse –, da fügt sich eins ins andere, da singt etwas, immer heller, immer deutlicher. Wenn es nur nicht verklingt!

Wie gut kenn' ich den Quell,
der sprudelt und der fließt,
auch wenn es Nacht ist.

Verborgen quillt das ew'ge Wasser dort.
Ich kenne gut den Weg zu seinem Ort.
Auch wenn es Nacht ist.

Im dunklen Leben hab ich sie gefunden,
die heil'ge Quelle, in den tiefsten Wunden.
Auch wenn es Nacht ist.

Ich weiß es nicht, woraus die Quelle springt,
die neues Leben aus der Tiefe bringt.
Auch wenn es Nacht ist.

Der Kerkermeister schiebt ein Stück trockenes Brot durch die Öffnung in der Tür. Aber Johannes greift nicht danach. Er murmelt, nein, er singt, ganz leise, so daß niemand es hört:

Die Erde hat nichts Schöneres zu zeigen.
Und selbst der Himmel muß sich vor ihr neigen.
Auch wenn es Nacht ist.

Sechs Monate vergehen. Toledo dampft unter der brütenden Hitze. Aus der Schlucht des Tajo steigen Insektenschwärme. Sie finden den Spalt im Verlies, setzen sich in die zerfetzten Kleider des Johannes und auf seine offenen Wunden. Kein Lufthauch erreicht ihn. Sein Atem geht nur noch schwer.

Gierig greift er nach dem Becher – leer, seit langem. Sie werden ihm nichts zu trinken geben bis morgen. Und morgen werden sie ihn wieder geißeln. Denn noch immer bekannte er nicht – daß er sich geirrt hat.
Unerwartet hört er Schritte, die vor seiner Tür anhalten. Der Schlüssel wird umgedreht, ein junger Mönch tritt in die Zelle – und weicht zurück vor Entsetzen. Die großen dunklen Augen des Gefangenen sind fest auf ihn gerichtet, aber der Kopf ist wie der eines Toten und der Körper nur noch ein mit zerschundener Haut überzogenes Skelett.
„Friede sei mit dir, mein Bruder!" Es ist eine sanfte Stimme, die aus der Dunkelheit kommt.
„Ich bin erst seit heute im Kloster. Der Prior hat mich beauftragt, dich zu bewachen, Bruder Johannes."
Nun sollte er eigentlich die Verbrechen des Gefangenen aufzählen, sie ihm vorhalten, aber etwas verschlägt ihm die Sprache. Mit einer Handbewegung scheucht er einen Schwarm Fliegen auf den Gang hinaus und hört sich plötzlich fragen: „Hast du einen Wunsch, mein Bruder?"
„Ja", sagt Johannes, „Gott segne dich! Bringe mir Papier und Tinte. Mein Kopf ist voller Gedanken und Verse. Ich muß sie alle behalten, aber mein Gedächtnis läßt nach. Und einen Becher Wasser, mein Bruder..."
Einen Augenblick steht der junge Mönch, betrachtet die Elendsgestalt vor ihm. Dann geht er schweigend. Am Abend bringt er einen Krug mit frischem Wasser. Dann kommt er noch einmal, schließt die Tür auf und tritt in das Verlies. Aus dem Ärmel seines Mantels zieht er ein sauberes Hemd, aus dem anderen ein Schulheft, Tinte und Feder. Johannes sinkt vor ihm auf die Knie. „Ich danke dir, mein Bruder, ich danke dir."
Er preßt das Papier fest an seinen Körper. Der Wärter geht, das Licht nimmt er mit. Wieder ist es dunkel.
In dieser Nacht schläft Johannes tief und ruhig, die Feder in der Hand, das Heft neben sich auf dem Boden. Als er erwacht, muß

er noch warten – stundenlang –, bis endlich der schmale Streifen des Lichts durch den Spalt in der Decke auf den Boden fällt. Er schlägt das Heft auf, taucht die Feder ein und versucht zu schreiben. Die Hand vermag seinem Willen fast nicht mehr zu gehorchen. Die ersten Buchstaben sind zerrissen und eckig; langsam aber, die kurze Zeit des Lichts nutzend, füllt er Zeile um Zeile:

Zur tiefsten Stelle kann kein Weg uns führen
und keines Menschen Fuß den Grund berühren.
Auch wenn es Nacht ist.

Sie wird nie dunkel, bleibt uns ewig klar.
Ich weiß, ihr Licht scheint immer, treu und wahr.
Auch wenn es Nacht ist.

Als sie ihn holen, um ihn zu geißeln, liegt er lächelnd auf seinem Brett. Halbtot bringen sie ihn zurück.

Die ew'ge Quelle liegt so still verborgen
in diesem Brot, geschenkt für heut und morgen.
Auch wenn es Nacht ist.

Von hier aus geht ihr Ruf an alle Kreatur:
Labt euch in Finsternis an dieser Quelle nur.
Auch wenn es Nacht ist.

Irgendwann in diesen Wochen spürt Johannes, daß sein Körper den Strapazen der Gefangenschaft nicht mehr gewachsen ist. Er betrachtet seine Hände, von denen die Haut abspringt, befühlt seine von den Insekten zerstochenen mageren Beine, und er fragt sich, ob es Gottes Wille sei, daß er hier sterben muß. Aus seinem Innersten hört er die Antwort: Es gibt noch Arbeit. Die Schwestern und Brüder warten auf dich.
Er schaut auf die Verse, die er in sein Heft geschrieben hat, und auf die Bilder, die er malte: Vielleicht muß er davon noch erzählen – wie er die Quelle fand, mitten in der Nacht.

Sie quillt, ich weiß, uns reich genug entgegen,
kann Hölle, Himmel, Mensch und Tier bewegen.
Auch wenn es Nacht ist.

Der junge Kerkermeister fühlt nicht nur Mitleid mit ihm – er verehrt den Verachteten.
„Warum haßt du die Brüder nicht, die dich schlagen?" fragt er.
Jahre später wird Johannes einer Nonne schreiben: „Denken Sie an nichts anderes, als daß Gott alles ordnet, und wo Sie keine Liebe finden, da lieben Sie, und Sie werden Liebe erwecken."
Obwohl er die Zuneigung des jungen Mannes spürt, weiht ihn Johannes nicht in seine Pläne ein. Allein mit Gott bedenkt er seine Flucht und handelt. Die Nacht hat ihn nicht blind gemacht. Woher kommt diese Klarheit des Denkens? Woher wächst ihm die Kraft zu, im richtigen Augenblick das Richtige zu tun? Seine Seele redet zu Gott, und Gott antwortet ihm:

In jener glücklichen Nacht,
im geheimen, als niemand mich sah,
beachtete ich alles
ohne fremdes Licht und Führung,
nur mit dem, das in meinem Herzen brannte.

Als Junge, als vaterloses Kind, hatte sich Johannes in mehreren Handwerken versucht und war kläglich gescheitert. Lateinisch und griechisch reden, das konnte er. Die Gedanken der großen Lehrer der Kirche vor seinen Studenten auszubreiten, fiel ihm leicht. Aber er hatte es nie gelernt, einen Mantel zu nähen oder einen Schrank zu zimmern.
Jetzt gelingt es ihm, mit einer Schere Schrauben zu lösen, sie allmählich und unauffällig zu lockern. Das Nähzeug, das ihm sein wohlwollender Kerkermeister zur Verfügung stellt, nutzt er, um mit einem Faden die Höhe der Mauer zu messen. Er läßt sich weiterhin geißeln und quälen. Aber eines Nachts reißt er

seine schon fast verfaulten Decken in schmale Streifen, bindet sie aneinander, löst die vorbereiteten Schrauben und flieht im August 1577 auf nackten Füßen aus seinem Gefängnis. Dem Wärter läßt er ein Geschenk zurück. Sein Heft mit Versen und Zeichnungen trägt er bei sich.
Der Plan gelingt, die Decken halten. Er seilt sich in den Hof des Klosters ab und vermag im Schutz der mondlosen Nacht über verschiedene Mauern in die Schlucht des Tajo abzusteigen. An der Tür eines befreundeten Nonnenklosters klopft er in aller Demut. Erschüttert steht wenige Tage später Mutter Theresa an seinem Lager. Fünfunddreißig Jahre ist Johannes alt, sie schon über sechzig. Wie ein Greis liegt er vor ihr, und sie stöhnt: „Wie konnte Gott das zulassen?"

Im Escorial unterzeichnete Philipp, König von Spanien, einen Erlaß, der dem reformierten Orden Unabhängigkeit zuerkennt. Aber die mühselige Wanderung des Johannes vom Kreuz ist damit noch nicht zu Ende.
Er lehrt und schreibt, schreibt und lehrt. Seine Sprache beginnt zu glühen.
Durch die Klöster Spaniens wandern seine Gedichte und Lieder – und später durch ganz Europa. Sie begeistern die Herzen der Suchenden mit derselben Begeisterung, die den schmächtigen kranken Mann umtreibt, bis mit seiner Seele auch sein Körper verglüht.
Die Strapazen, denen er sich bereitwillig aussetzt, nehmen kein Ende. Auch die Auseinandersetzungen mit den Brüdern nicht. Bösartige Gerüchte, bitterer Spott und der Haß derer, die sich vor ihm schwach fühlen, folgen Johannes und holen ihn ein.
1591 stirbt er – abgeschoben – im Kloster Ubeda. Sein Leib ist mit Geschwüren bedeckt. Keiner der Brüder vermag den Ekel zu überwinden und den so furchtbar Gequälten zu waschen und zu pflegen. Man läßt ihn in seinem Eiter liegen und eilt an ihm vorbei zum Gebet. Er hört den Chor der Mönche und

bewegt noch einmal die Lippen: „Ich breche auf, im Himmel zu singen…"
Der Gesang verklingt, die Brüder finden einen Toten. Und schaudern.

Steig ich auch auf von Höh'n zu Höh'n,
es wird doch nie erreichbar sein,
die dunkle Wolke zu verstehn,
die in der Nacht gibt hellen Schein.

Fatimata

Gegen Morgen wird es kühl. Fatimata friert in ihrem dünnen Kleid auf der Strohmatte. Sie schmiegt sich enger an den Rücken der großen Schwester.
In der Hütte dämmert es schon. Sie hört die Mutter aufstehen. Der kleine Bruder beginnt zu schreien. Draußen kläfft einer der Hunde.
Warum steht die Schwester nicht auf? Die Mutter runzelt die Stirn. Irgend etwas stimmt nicht. Schweißperlen stehen dem Mädchen auf der Stirn. Sie glüht trotz der morgendlichen Kälte.
„Geh, hol die Großmutter", sagt die Mutter und bindet sich mit dem Tuch den Jüngsten auf den Rücken.
Die Großmutter schlurft über den Hof, schüttelt den Kopf. Am Abend ist die Schwester tot. Die Trommeln gehen die ganze Nacht. Fatimata liegt allein auf der Strohmatte, kann nicht schlafen. Ihr Bruder stolpert in die Hütte. Er kommt aus der Stadt. Er geht zur Schule. Eine Decke hat er mitgebracht. Fatimata darf sie einmal mit den Fingern berühren. Er schimpft über die kalte Jahreszeit, rollt sich in der Ecke zusammen, deckt sich zu. Die Nacht wird noch kälter.

Jetzt ist Fatimata die älteste Tochter in ihrer Hütte. Morgens geht sie mit den anderen Frauen zum Brunnen. Eigentlich ist sie noch keine Frau. Das weiß sie. Irgendein Geheimnis ist um die Frauen. Die Großmutter mustert sie von oben bis unten, betrachtet die Brüste, die zu knospen beginnen. Abends spricht die Alte mit der Mutter. Es scheint, als wollte die Mutter nicht. In der Nachbarhütte lebt Rakis. Sie ist ein Jahr früher als Fatimata geboren. Auch sie ist noch keine richtige Frau. Ihre Mutter ist die älteste Ehefrau Alphas, der in der größten Hütte mitten im Hof wohnt. Aber Alpha hat nicht mehr viel Interesse an seinen älteren Frauen. Vor einem Jahr hat er Sophie geheiratet. Sophie ist noch jung. Sie hat die Schule besucht. Sie hat schöne runde Brüste und eine schlanke Taille. Aber ihre Augen sind oft traurig. Sophie wollte Sekretärin werden. Doch Alpha hat einen hohen Preis für sie bezahlt. Manchmal hat Sophie den Mädchen von der Schule erzählt. Aber sie kann sich nicht viel Zeit dafür nehmen. Tagsüber muß sie mit den anderen Wasser holen und Hirse reiben oder stampfen. Und abends ruft Alpha sie in seine Hütte. Dann schlingt sie ihr Tuch noch einmal fest um die Taille, wirft den Kopf ein wenig zurück – und geht.

Alpha ist ein reicher Mann. Viele beneiden Sophie, daß sie seine Frau ist. Wenn er vom Markt kommt, bringt er ihr oft ein Stück Stoff mit oder einen Schmuck aus Kaurimuscheln.

Einen Mond nach dem Tod der Schwester kommt eine zahnlose alte Frau auf den Hof. Als es dunkel ist, werden Rakis und Fatimata in eine Ecke des Hofes gerufen. Das Gesicht der Mutter ist ernst. Fatimata fühlt die Angst wie eine Schlange im Rücken. Zwei Frauen halten sie fest, die Alte nimmt eine Glasscherbe vom Boden. Sie biegen ihr die Beine weit auseinander und schneiden in die weicheste Stelle, wo der Schmerz wie ein furchtbares Feuer ist.

Fatimata schreit. Eine der Frauen schlägt sie auf den Mund. Sie sieht nichts mehr, ein roter Nebel steigt vor ihren Augen, und sie fühlt das Blut zwischen ihren Beinen herablaufen. Dann hört sie Rakis neben sich schreien. Die Frauen stimmen einen Gesang an, und die Mutter versucht zu lächeln. Grinsend legt die Alte ihre blutverschmierte Glasscherbe zur Seite.

„Nun bist du eine Frau", sagt sie und verbeugt sich vor dem weinenden Mädchen.

Mühsam steht Fatimata auf, schleppt sich in die Hütte. Die Mutter legt ihr blutstillende Blätter zwischen die Beine. In der Ecke schnarcht der Bruder. Er wird morgen in die Stadt zurückgehen. Mit einem verächtlichen Blick verabschiedet er

sich von Fatimata. Sie kann nicht aufstehen. Die anderen gehen ohne sie zum Brunnen.
Seine Wolldecke nimmt er mit.

Am nächsten Tag hat Fatimata Fieber. Die Mutter schüttelt den Kopf. Großmutter kommt, streicht ihr über die Stirn.
„Nein", sagt sie, „Fatimata ist unschuldig."
„Warum hat sie dann Fieber?" sagen die anderen Frauen. „Wir werden ja sehen. Wenn sie stirbt, hat sie die Ahnen beleidigt."
Fatimata weiß nicht, wie sie die Ahnen beleidigt hat. Im Fieber sieht sie das Gesicht der grinsenden Alten und wimmert. Die Mutter kocht einen Sud, flößt ihn dem Mädchen ein, wäscht ihr das Gesicht. Irgendwann läßt der Schmerz nach.
Als sie eines Morgens wieder Blut zwischen den Beinen hat, nickt die Mutter zufrieden. „Du kannst heiraten."
Sophie geht inzwischen mit einem runden, dicken Bauch über den Hof. Sie ist stolz und lächelt manchmal wie im Traum. Sie glaubt sicher, daß es ein Sohn wird.

Der Vater läßt Fatimata rufen. Er betrachtet sie. Sie zeigt nicht, daß sie immer noch Schmerzen hat, bei jeder Bewegung. Sie schaut zu Boden, wie es sich gehört. Neben dem Vater sitzt ein alter Mann. Fatimata kennt ihn. Es ist Ali, der Viehhändler, mit dem Vater öfter Geschäfte macht. Sie unterhalten sich über das Mädchen. Die Hochzeit soll in ein paar Wochen gefeiert werden.
Fatimata läuft zur Mutter. Die Mutter nickt. Was ist dabei?
Langsam geht das Mädchen an der Mauer entlang zu den Hirsefeldern hinaus. Sie weiß, daß eine Hochzeit ein großes Fest ist und eine Braut den schönsten Schmuck trägt. Sie hat immer die schönen Bräute beneidet. Und trotzdem ist ihr wieder so bange wie an dem Abend, als die Alte kam, um sie zur Frau zu machen. Die Narbe ist verheilt, aber die Erinnerung an den furchtbaren Schmerz steckt in ihr wie ein Pfeil. Sie schaut hinauf in den kahl gewordenen Affenbrotbaum. Ganz oben hat

sich ein Geier niedergelassen und schaut herunter zu ihr. Sein Gesicht gleicht dem Gesicht der Alten.
Da ist wieder die Schlange in ihrem Rücken. Sie dreht sich um und läuft nach Hause.
Die anderen Frauen sind beim Stampfen der Hirse. Sophie ist zwischen ihnen und lacht. Sophie ist auch verheiratet. Ob sie ihr sagen wird, wie das ist?
Die Mutter kann kaum noch den großen hölzernen Stößel heben, so müde ist sie. Fatimata schaut in die Augen ihrer Mutter. Auch ihre Mutter war einmal eine Braut. Ob sie je so schöne runde Brüste hatte wie Sophie? Jetzt hängen sie wie Lappen herab. „In der Stadt", sagte Sophie, „zeigen die Frauen ihre Brüste nicht."

Noch vor Fatimatas Hochzeit bringt Sophie ihren Sohn zur Welt. Die anderen Frauen tanzen, der Vater ist in bester Laune und legt Sophie eine glitzernde Kette um den Hals. So etwas hat noch keine von den Frauen gesehen.
Dann wird die Hochzeit gefeiert. Ein Hammel brät am Spieß. Drei Tage gehen die Trommeln der Musikanten, denn Alpha ist reich genug, ein großes Fest zu feiern. Die Alte mit dem zahnlosen Mund ordnet den Tanz der unverheirateten Mädchen. Es kommt heraus, daß eine der Teilnehmerinnen nicht beschnitten ist. Mit lautem Geheul wird sie aus dem Gehöft gejagt. Die ganze Familie darf nicht mehr mitfeiern. Man sagt, sie gehörten zu den Christen.
In der Nacht holt Ali Fatimata in eine Hütte. Er betrachtet sie sorgfältig und schneuzt sich dabei mit den Fingern. Dann legt er sich auf das zitternde Mädchen, so wie es die Kinder manchmal durch die Türen der Hütten sehen. Die Narbe schmerzt. Sie beginnt zu weinen. Der Alte versucht hilflos, sie zu trösten, und deckt sie mit ihrem Rock zu. „Du wirst dich dran gewöhnen", sagt er.
Der Hof des Mannes liegt weit von ihrem Heimatdorf entfernt. Die Mutter murmelt Segenssprüche in ihr Ohr, der Vater redet

zu ihr wie zu einer Erwachsenen. Sie steigt stolz auf die Ladefläche des Lastwagens und fährt mit ihrem Mann ein paar Stunden durch die vertrocknende Savanne. Es ist die heißeste Zeit, kurz vor dem ersten Regen, und am Himmel ballen sich finstere Wolkenberge.

Fatimata hat es gut bei ihrem Mann. Er hat ihr auf seinem Hof eine neue Hütte gebaut. Seine anderen drei Frauen sind neugierig und fragen viel. Fatimata erzählt. Am nächsten Morgen muß sie schon zum Wasserholen mitgehen. Aber der Weg ist nicht so weit wie in ihrem Heimatdorf: Das Wasser fließt hier aus einem metallenen Rohr, wenn man ein großes Rad dreht. Es fließt immer, sagen die anderen Frauen, zu jeder Zeit des Jahres. Fatimata kennt nur die Brunnen, aus denen man das Wasser mit dem Eimer ziehen muß. Das ist viel schwerer.

Aber in der Zeit, die frei bleibt vom Wasserholen und Holzsammeln, muß Fatimata mit den anderen Frauen noch das große Feld bestellen, das hinter dem Dorf liegt. Abends ist sie sehr müde. Trotzdem freut sie sich, wenn ihr Mann zu ihr kommt, denn sie weiß, daß die anderen sie beneiden. Zwar gefallen ihr Alis erwachsene Söhne besser als er selbst – das sind kräftige junge Männer mit einem breiten Lächeln auf dem Gesicht –, aber sie weiß, daß sie Ali gehört.

Ihr Mann schenkt ihr eines Tages sogar ein Paar Schuhe. Offene natürlich, mit einem Steg zwischen den Zehen. Sie muß sich erst daran gewöhnen. Aber von dem Tag an verachtet sie alle Frauen, die barfuß gehen.

Nach der Regenzeit endlich wird ihr Bauch dicker. Ein durchreisender Händler soll die gute Nachricht ihrer Mutter bringen. Er verspricht es. Manchmal nachts fühlt Fatimata mit den Händen ihren Bauch ab. Und wenn sie dann einen kleinen Stoß bekommt, freut sie sich und lacht leise ins Dunkel. Sie wird sehr dick. Die anderen schauen sie manchmal skeptisch an, aber sie arbeitet trotzdem weiter – bis es nicht mehr geht.

Im Dorf gibt es eine Hütte, in die alle Mütter gehen, wenn sie ihre Kinder gebären. Eine junge Frau hilft ihnen. Sie sei

Christin, sagen die Leute im Dorf. Fatimata weiß nicht, was das bedeutet, aber sie mag Pauline gern. Manchmal kommt ein Auto ins Dorf und bringt eine Kiste mit weißen Stoffen und verschiedenen Flaschen. Pauline muß gute Verbindungen haben.
Gerade als sie mit den anderen Frauen unterwegs ist zum Holzsammeln, merkt Fatimata, daß sie nicht mehr stehen kann. Die andern rufen ihr zu, sie solle sich hinlegen. Als es wieder etwas bessergeht, schleppt sie sich unter der weißglühenden Sonne ins Dorf. Dreimal muß sie sich unterwegs hinlegen. Der Schweiß strömt ihr übers Gesicht. Der Schmerz ist aber noch nicht so schlimm wie damals. Sie denkt an ihr Kind, das sie so sehnsüchtig erwartet, und stolpert weiter.
Pauline nimmt sie freundlich in Empfang.
„Hast du auch Kinder?" fragt Fatimata zwischen zwei Wehen.
Pauline lacht: „Noch nicht."
„Du bist doch aber schon alt", sagt Fatimata keuchend.
„Ja", erwidert Pauline, „ich werde auch bald heiraten. Mein Verlobter ist noch nicht fertig."
„Womit fertig?"
„Er wird Krankenpfleger. Wir werden die Kranken hier im Dorf zusammen versorgen."
„Das macht doch aber schon der alte Moussa."
Pauline lacht wieder. „Der stirbt bald, und kein Mensch weiß, wie er seine Kräuter zusammenrührt. Neulich der Djibril hätte auch nicht zu sterben brauchen, wenn Moussa ihm eine richtige Medizin gegeben hätte."
Die Wehen werden stärker. Es dauert lange. Als der kleine Kopf austritt, reißt die alte Narbe auf. Fatimata schreit. Pauline verzieht den Mund und murmelt etwas vor sich hin. Aber dann lacht sie wieder und ruft: „Ein Junge! Und gesund ist er!"
Doch das Baby ist klein. Pauline befühlt nachdenklich Fatimatas Bauch. Wenige Minuten später wird noch ein Mädchen geboren, aber es ist tot.
Die anderen Frauen kommen mit ernsten Gesichtern. Fati-

mata hält ihren Sohn stolz im Arm. Sie möchte sich freuen. Wo bleibt ihr Mann? Warum lachen die anderen nicht? Schließlich schläft sie vor Erschöpfung ein.
Als sie aufwacht, hört sie, daß Pauline sich heftig mit jemandem streitet. Aber sie kann die Worte nicht verstehen. Ein Schatten verdunkelt den Eingang der Hütte. Ihr Mann kommt herein. Er beugt sich erst über das Kind, dann über sie. Nach einer Weile sagt er: „Also komm nach Hause."
Eine von den Frauen erzählt ihr: Zwillinge sind eine Strafe der Ahnen. Der alte Zauberer hat Ali geraten, sie und das Kind nicht zu sich zu nehmen. Fatimata hat viel Glück gehabt.
Immer fühlt sie den weichen warmen Körper auf ihrer Haut. Keine Minute läßt sie ihren Sohn allein. Oft betrachtet sie ihn und freut sich an seiner ebenmäßigen braunen Farbe. Er hat schon viele krause, schwarze Haare, und seine Augen schauen sehr ernst.
Ehe er zu lachen beginnt, ist Fatimatas Sohn tot.
Die Frauen stimmen ihr Klagegeschrei an. Ali berät sich wieder mit dem Zauberer. Am Abend kommt er zu Fatimata. Sie liegt in ihrer Hütte und starrt zum Strohdach hinauf. Durch die geflochtenen Halme sieht die zahnlose Alte auf sie herab. Ein Fieber schüttelt sie: „Ich will nicht!" Ali wendet sich kopfschüttelnd zur Tür.

Nach zwei Regenzeiten bringt Fatimata ein gesundes Mädchen zur Welt. Pauline lächelt ihr zu. Pauline hat inzwischen geheiratet und lebt mit ihrem Mann im Dorf. „Ein schönes Kind", sagt sie.
Als die neue Regenzeit beginnt und die Mücken wiederkommen, werden viele Kinder krank. Zwei auf dem Hof sterben. Eines Abends trinkt Fatimatas Töchterchen nichts. Es winselt zwei Tage in den Armen der Mutter. Paulines Mann gibt ihm mit einer spitzen Nadel ein Medikament. Am Morgen ist das Mädchen tot.
Die Frauen schreien und raufen sich die Haare.

Fatimata kann nicht mehr arbeiten. Immer zittern ihre Hände. Sie wagt nicht, den Hof zu verlassen. Überall in den Bäumen sitzen die Geier. Die anderen Frauen erlauben ihr nicht mehr, die Hirse zu reiben. Sie darf nur noch den Hof fegen und den Abfall wegbringen, aber keine Nahrung mehr berühren. Ein paar Tage liegt sie im Fieber. Paulines Mann gibt ihr bunte Pillen. Sie erholt sich wieder. Ali schaut mitleidig in ihr schmales Gesicht. Er weiß, was die andern tuscheln. Auch der Zauberer sagt seine Meinung, aber Ali will Fatimata immer noch behalten.

Als es ihr wieder bessergeht, sitzt sie oft stundenlang im Hof und murmelt vor sich hin. Abends kommt Ali zu ihr. Die anderen Frauen schütteln den Kopf. Fatimata wird wieder schwanger. Angstvoll befühlt sie ihren Bauch. Nachts hört sie die Geier höhnisch lachen.

Wenn sie Zeit hat, geht sie zu Pauline. Pauline hat ein gesundes Kind. Paulines Mann spricht freundlich mit jedem, der vorbeikommt. Manchmal, an den Tagen, die Pauline Sonntag nennt, treffen sich die Christen unter dem Affenbrotbaum. Einer aus einem andern Dorf kommt mit dem Fahrrad und erzählt.

„Gott", sagt er, „wohnt nicht in diesem Baum. Gott ist im Himmel. Er ist trotzdem nahe bei uns. Gott ist vom Himmel auf die Erde gekommen."

Fatimata lacht. Wo soll Gott denn wohnen, wenn er auf die Erde kommt? Baut er sich vielleicht eine Hütte im Dorf?

Der Mann erzählt von einem, der Jesus hieß. Der war freundlich – auch zu den Frauen. Und als er das sagt, schaut der Prediger Fatimata an. Fatimata hält ihre Hand fest auf den Bauch gedrückt.

„Glaubst du, daß mein Kind leben wird?" fragt sie Pauline.

Pauline legt die Hände ineinander und sagt: „Ich will dafür beten." Dann redet sie mit Gott: „Ich bitte dich, Herr, schenke Fatimata ein gesundes Kind. Laß doch bitte Fatimata und das Kind leben dürfen. Sei gelobt in Ewigkeit. Amen."

Fatimata wartet, ob jemand antwortet. Aber sie hört nichts.

Langsam steht sie auf, verabschiedet sich von Pauline und geht mit schweren Schritten nach Hause. Unterwegs begegnet ihr eine Gruppe von Mädchen. Sie hört die Kinder hinter sich tuscheln und lachen. Dann fliegt auf einmal ein Stein.
„Hexe! Hexe!“ rufen die hellen Stimmen, und Fatimata sieht die kleinen Gestalten in einer Staubwolke verschwinden, als sie sich umdreht.
Sonntags geht Fatimata mit Pauline zu den Versammlungen der Christen unter dem Baum. Ihr Mann hat nichts dagegen. Aber er verbietet ihr, ins Wasser zu gehen. Die Christen gehen in der Regenzeit in ein mit lehmigem Wasser gefülltes Loch und tauchen unter. Dann gehören sie Christus. Ali will nicht, daß Fatimata Christus gehört. Er betet freitags in der kleinen Moschee am anderen Ende des Dorfes mit den Männern, und er findet, daß eine Frau nur ihrem Mann gehört und sonst niemandem.
Fatimata hat von Pauline gelernt, zu Gott zu sprechen. Sie sitzt oft stundenlang und bewegt die Lippen. Sie weiß nicht, ob es richtig ist, was sie sagt, aber sie sagt es immer wieder: „Das Kind soll leben. Das Kind soll leben.“
Einmal nachts, als niemand sie sieht, schlachtet sie unter dem Baum, wo die Gottesdienste stattfinden, ein Huhn. Irgend etwas muß Gott doch von ihr wollen, wenn er ihre Bitte erfüllen soll. Sie verspricht Gott noch viel mehr: einen Hammel, den sie gar nicht hat, aber sie wird dafür arbeiten, sie wird immer, immer arbeiten, wenn sie nur das Kind hat.

Als die Wehen einsetzen, schleppt sich Fatimata wieder zu Pauline. Obwohl es ihre dritte Geburt ist, öffnet sich ihr Leib nur ganz, ganz langsam. Vom Sonnenuntergang an bis zum Morgen hören die Dorfbewohner Fatimata schreien. Pauline läuft der Schweiß über das Gesicht. Sie holt eine alte Frau, die im Dorf die erste Christin war. „Hilf uns, bitte, hilf uns beten!“
Am Morgen endlich ist der Sohn geboren. Er lebt...
Fatimata ist schwach und muß liegen. Erst am Sonntag steht

sie auf und geht mit dem Kind zu den andern unter den Baum. Sie zeigt das Kind. Der Prediger legt seine Hand auf den winzigkleinen Kopf. Alle freuen sich, jauchzen, danken Gott. Als sie wieder zu Kräften gekommen ist, darf Fatimata auch mit den anderen Frauen das Essen zubereiten. Ihr Mann sieht sie freundlich an. Er streichelt den Sohn. Fatimata läßt das Kind keinen Augenblick aus den Augen. Es wächst. Es beginnt zu lachen. Ein Zahn ist in dem kleinen Mund zu sehen. Es sitzt allein auf dem Boden mitten im Hof und greift nach den Steinen. „Moussa" hat der Vater das Kind genannt.

Als er schon laufen kann, wird Moussa krank. Paulines Mann flößt ihm einen Saft ein. „Bete für ihn!" stöhnt Fatimata. Angstschweiß steht ihr auf der Stirn.

Sie schließt kein Auge die ganze Nacht. Am nächsten Morgen schläft sie vor Erschöpfung ein. Drei Tage bangt sie um das Leben des Kindes. Der Zauberer, vom Vater gerufen, reibt den Jungen mit einem übelriechenden Fett ein. Paulines Mann gibt ihm wieder Saft. Aber das Fieber geht nicht zurück. Der Zauberer murmelt einen Spruch. Fatimata hält das Kind auf dem Schoß und starrt bewegungslos in das fieberheiße kleine Gesicht. In der vierten Nacht stirbt Moussa. Das ganze Dorf hört den Schrei, als Fatimata mit dem toten Kind aus ihrer Tür tritt.

Auch die anderen Frauen beginnen zu schreien.

„Hexe! Hexe!" „Rettet die Kinder!"

„Sie hat den bösen Geist!"

In der Nachbarhütte fiebert ein Säugling. „Sie ist schuld!"

Ali versucht, die Frauen zu beruhigen. Aber er ist alt und müde. Keiner hört auf ihn. Sie kommen schon von den Nachbardörfern, werfen Steine und stoßen Fatimata mit dem toten Kind durch die Tür in der Mauer ihres Hofes hinaus aufs freie Feld. Gerade geht im Affenbrotbaum die rote Sonne auf.

Fatimata läuft zu Paulines Hütte. Pauline kommt heraus und hält die Tür einladend auf. Aber ihr Mann tritt dazwischen. In einer unbekannten Sprache redet er auf Pauline ein, schließt

die Tür von außen und weist mit der Hand in die Richtung, wo mittags die Sonne steht.
„Lauf zur Straße!“ sagt er. „Lauf, so schnell du kannst. Vielleicht bringt dich ein Auto nach Ouagadougou. Dort gibt es einen Hof für Hexen. Lauf!“
Pauline will widersprechen, er stößt sie zurück. Sie hören, daß sich im Dorf eine Menge Menschen zusammenrotten.
„Ich begrabe das Kind“, sagt Paulines Mann und nimmt ihr den Sohn aus dem Arm. „Lauf!“
Das Geschrei und Gejohle kommt näher.
Fatimata läuft über die vertrockneten Hirsefelder. Sie hört hinter sich das drohend anschwellende Gemurmel. Über ihr kreisen die Geier. Sie stolpert, fällt, steht wieder auf. Hinter einem Dornbusch bleibt sie keuchend liegen.
Erst als der Mond scheint, wagt sie, weiterzugehen, erreicht die Straße. Ein Auto mit großen leuchtenden Augen fährt vorbei. Fatimata steht im Dunkeln. Niemand kann sie sehen. Ohne zu wissen, in welche Richtung sie gehen soll, wankt sie am Straßenrand entlang. Nach Ouagadougou, hat Paulines Mann gesagt, nach Ouagadougou.
Als ihre Kräfte sie verlassen, legt sie sich hart an den Rand der staubigen Piste. Sie erwacht, als im Morgengrauen ein Lastwagen neben ihr hält. Ein Mann steigt aus, betrachtet sie. „Was machst du hier?“
Fatimata versucht sich aufzurichten, aber sie hat kaum noch die Kraft dazu. „Nach Ouagadougou“, sagt sie, ohne dem Mann ins Gesicht zu schauen.
„Was willst du in Ouagadougou?“
„Ein Hof, ein Hof – für Hexen...“
Der Mann lacht und sieht die Frau an, die da vor ihm im Staub liegt. Er sieht eine alte Frau.
„Bist du eine Hexe?“
Fatimata antwortet nicht. Sie starrt auf ihre Hand, die von Blut verkrustet ist. Hat sie ein Stein getroffen? War sie gefallen? Sie weiß nichts mehr davon.

„Ich bin Christin", sagt sie schließlich.
Der Mann nickt. „Ich werde dich zu den Christen bringen."
Er hilft ihr auf und hebt sie auf den Lastwagen. Bevor er losfährt, bricht er von seinem Weißbrot ein Stück ab und reicht es ihr nach hinten. Auch eine Flasche Coca-Cola bietet er ihr an, aber sie schüttelt den Kopf. Das Brot – sie hat selten Brot gegessen, obwohl man es auf den großen Märkten überall kaufen kann – nimmt sie und dankt. Der Fahrer wirft den Motor an und gibt Gas. Beim Fahren über die holprige Piste muß sich Fatimata festhalten. Sie wird hin und her geschleudert und verliert irgendwann das Bewußtsein. Am Abend erreicht der Wagen die Stadt.

Ich habe Fatimata gesehen.
Den Asphalt der großen Stadt und die Straßen mit den wenigen Lichtreklamen mußte ich verlassen. Ich mußte durch den Staub gehen und durch den Gestank der Gosse. Ich habe das Tor geöffnet, das in den Hof führte, wo die Frauen auf dem Boden saßen. Ich habe Fatimata gesehen.
Sie trug ein kleines Kreuz um den Hals. Mit den Fingern spann sie rohe Baumwolle zu einem Faden, der auf ein Stück Holz gewickelt wurde. Fatimata lächelte, als ich sie begrüßte, und verneigte sich tief vor mir. Um mit ihr zu sprechen, setzte ich mich neben sie in den Staub.
„Fatimata", sagte ich, „wie groß muß dein Glaube sein!"
Aber sie verstand meine Sprache nicht.

Hiob

Er tritt in allem Jubel uns zur Seite.
Sein Schatten legt sich zitternd auf den Weg.
Vielleicht: damit mein Fuß nicht gar so sicher schreite –

Ich such' ihn nicht.
Doch hat er mich gefunden
in jedem Blick der Not, der mich durchglüht.
Und wenn er bebend zeigt –
auf seine Wunden,
dann weiß ich keine Antwort,
die genügt.

So geht der Frager still
durch jedes Leben.
Vertreib ihn nicht! Laß ihn
am Wegrand stehn:
Gott selber gab ihm Antwort!

Sein Geheimnis
wird unser Auge erst
am Ende sehn.

Quellen

Janusz Korczak und die Kinder

Janusz Korczak, König Hänschen I., dtv München 1974

Poliakow, Léon / Wulf, Joseph, Das Dritte Reich und die Juden, Berlin 1955

Zvi Kolitz, Jossel Rackower spricht zu Gott, aus: Jörg Zink, Zwölf Nächte, Stuttgart 1965

Igor Newerly, Kalendarium zum Leben und Schaffen des Janusz Korczak

Bogdan Wojdowski, Des Alten Doktor Dialoge mit dem Tod

beide in:

Ein Turm aus Sehnsucht – Janusz Korczak, hg. u. übers. von Karin Wolff, Berlin 1987

Erich Dauzenroth, Ein Leben für Kinder, Janusz Korczak Leben und Werk, Gütersloh 1989

Die Äbtissin vom Paraklet

Walter Nigg, Buch der Ketzer, Ffm./Wien/Zürich 1962

Mariateresa Fumagalli, Heloise und Abaelard, München 1986

Katharina

Walter Nigg, Buch der Ketzer, Ffm./Wien/Zürich 1962

Walter Rupp, Friedrich von Spee, Mainz 1986

Hans Conrad Zander, Gottes unbequeme Freunde, Hamburg 1982

Wolfgang Lohmeyer, Die Hexe, München 1986

Zerbrochene Hände

G. u. K. Beyer, Tilman Riemenschneider, Text von H. Flesche, Dresden 1962

Max H. von Freeden, Die Beweinung von Maidbronn, Katholische Kirchenstiftung Maidbronn 1981

Max H. von Freeden, Tilman Riemenschneider, München 1965

Hanswernfried Muth, Riemenschneider in Franken, Königstein 1987

Hans-Christian Kirsch, Tilman Riemenschneider, Ein deutsches Schicksal, Frankfurt 1983

„Ihr gehorsamster Sohn"

Peter Härtling, Hölderlin, Darmstadt 1976

Wilhelm Michel, Das Leben Friedrich Hölderlins, Darmstadt 1963

Werner Volke, Hölderlin in Tübingen, Marbacher Magazin, hg. von der Deutschen Schillergesellschaft in Marbach, Sonderheft 11/1978

Auch wenn es Nacht ist

Walter Nigg, Große Heilige, Zürich 1966

Johannes vom Kreuz, hg., eingeleitet und übersetzt von Johannes Boldt, Olten 1980

Die Heiligen, hg. von Peter Manns, Mainz 1975

Crisogno de Jesus O. C. D., Leben und Werk des Johannes vom Kreuz, Madrid 1978

El Greco, Toledo, Gemälde von 1597

Die deutsche Nachdichtung des Gedichtes „Aunque es de noche" stammt von der Verfasserin. Alle übrigen Texte wurden nach der Übersetzung von Johannes Boldt zitiert.

Bücher von Ursula Koch

Im Schatten meiner Angst

Eine Umkehr zum Leben

48 Seiten. ABCteam-Paperback. 2. Auflage

Aus dem Impuls der Begegnung mit jungen Leuten und deren Lebensfragen heraus hat Ursula Koch Tagebuchaufzeichnungen aus ihrer eigenen Teenagerzeit hervorgekramt. Im Buch sind diese Auszüge abgedruckt, aber nicht als biografisches Dokument, sondern als Gesprächsbeitrag mit heute lebenden Jugendlichen, die sich mit den Fragen des Lebenssinns, der Bewältigung des Alltags, des Selbstmordes und der Depression auseinandersetzen.
So ist ein faszinierendes Buch entstanden... Erstens ist es ein mutmachendes Buch. Ursula Koch beschreibt, wie sie selbst in einer bedrückenden Situation die Umkehr zum Leben gefunden hat. Nicht plötzlich, nicht unangefochten, sondern Schritt für Schritt. Kein plötzliches Wunder, keine „Heilung", sondern Gottes Dabeisein im Alltag wird berichtet.
Zweitens ist es ein dialogisches Buch. Die gewählte literarische Form ist ein Glücksfall, weil der heute lebende Jugendliche angesprochen und in seiner Not ernstgenommen wird. Die angebotene Hilfe kommt nicht von einem Standpunkt der Besserwisserei oder der vermeintlichen geistlichen Unangefochtenheit, sondern aus der Begegnung.
Drittens, und das überzeugt mich am meisten, ist es ein ehrliches Buch. Es macht Schluß mit dem elenden Vorurteil, als sei das Evangelium eine Art Schutzmittel gegen Krankheit, Leid, Depression, Lebensmüdigkeit. Vielmehr wird an der geschilderten Lebensgeschichte deutlich, wie das Evangelium eine Hilfe *in* diesen Situationen werden kann. Das Buch hat kein Happy-End, sondern einen nach hinten offenen Schluß. Ein Happy-End würde den vor Lebensfragen stehenden Leser nur noch tiefer deprimieren. Aber so ist ein Buch voll Hoffnung entstanden... *Burkhard Weber*

Israel – Auf den Spuren Jesu im Heiligen Land

Fotografien von Sonia Halliday und Laura Lushington
Texte von Ursula Koch

64 Seiten. Durchgehend vierfarbig
Geschenkausstattung mit festem Einband
und Schutzumschlag
Großformat 26 × 34 cm

Fast 2000 Jahre sind vergangen. Krieg und Verheerung, Einwanderung und Wirtschaftswunder haben seitdem das Heilige Land geprägt. Und trotzdem finden so aufmerksame Beobachter wie die beiden Berufsfotografinnen Sonia Halliday und Laura Lushington noch Orte und Plätze, die unmittelbar an das Leben Jesu erinnern. Die eindrucksvollen Fotografien wollen das damalige Geschehen einfangen.
Die einfühlsamen Texte von Ursula Koch schließen uns die Bedeutung der damaligen Ereignisse auch für unsere heutige, moderne Welt auf. Im Zusammenspiel von Bild und Text wird deutlich, warum das Heilige Land auch heute noch seine Faszination und Anziehungskraft für Millionen Menschen besitzt.